Adolf von Oechelhaeuser

Der Bilderkreis zum wälschen Gaste des Thomasin von

Zerclaere

Nach den vorhandenen Handschriften

Adolf von Oechelhaeuser

Der Bilderkreis zum wälschen Gaste des Thomasin von Zerclaere
Nach den vorhandenen Handschriften

ISBN/EAN: 9783744628389

Hergestellt in Europa, USA, Kanada, Australien, Japan

Cover: Foto ©Thomas Meinert / pixelio.de

Weitere Bücher finden Sie auf **www.hansebooks.com**

DER

BILDERKREIS ZUM WÄLSCHEN GASTE

DES

THOMASIN VON ZERCLAERE

NACH DEN VORHANDENEN HANDSCHRIFTEN

UNTERSUCHT UND BESCHRIEBEN

VON

ADOLF VON OECHELHAEUSER

MIT 8 TAFELN

HEIDELBERG
VERLAG VON GUSTAV KOESTER
1890

DER

BILDERKREIS ZUM WÄLSCHEN GASTE

DES

THOMASIN VON ZERCLAERE

NACH DEN VORHANDENEN HANDSCHRIFTEN

UNTERSUCHT UND BESCHRIEBEN

VON

ADOLF VON OECHELHAEUSER

MIT 8 TAFELN

HEIDELBERG
VERLAG VON GUSTAV KOESTER
1890

KARL ZANGEMEISTER

VORREDE.

Die nachfolgende Studie ist gewissermassen ein Seiten-Schössling der grösseren Arbeit des Verfassers, welche die Verzeichnung und Beschreibung der Miniaturen der Heidelberger Universitäts-Bibliothek zum Gegenstande hat. Während der Ausarbeitung des zweiten Theiles dieses „Catalogue raisonné", der binnen Jahresfrist vollendet sein dürfte, drängte sich die Aufgabe wie von selbst auf, den Bilderkreis eines bestimmten Werkes einmal möglichst erschöpfend durch die uns erhaltenen Handschriften desselben hindurch zu verfolgen. Der wälsche Gast erschien hierfür aus verschiedenen Gründen besonders geeignet. Zunächst besitzt unsere Bibliothek davon selbst drei illuminirte Mss., und eine Umfrage bei den betreffenden Behörden eröffnete die Aussicht, die vorhandenen Handschriften vollständig zusammen zu bekommen. Dank der gütigen Unterstützung meines hochverehrten Freundes Karl Zangemeister, des Oberbibliothekars unserer Palatina, ist es in der That auch gelungen, bis auf eines sämmtliche übrigen Mss. des Thomasin'schen Gedichtes vorübergehend zur Vergleichung miteinander hierher gesandt zu erhalten. Sodann war der Umstand für die Wahl mitentscheidend, dass es sich bei den Illustrationen zum wälschen Gaste nicht um einen religiösen Stoff handelt, bei dem die traditionelle Auffassung eine mehr oder minder bedeutende Rolle zu spielen pflegte, sondern dass das Stoffgebiet, welches die Bilder dieses Lehrgedichtes behandeln, für den Illustrator ein eigenartiges und eigenartige Behandlung erforderndes war. Hier liess sich am ehesten ein von aussen nicht beeinflusstes Resultat erwarten. Schliesslich lockte den Verfasser der Wunsch, ein bisher von der Kunstforschung noch wenig betretenes Gebiet auf einer streng vorgezeichneten Strasse zu durchwandern und dasselbe bei dieser Gelegenheit wenigstens nach einer Richtung hin zu erschliessen. Ob und wie weit die Wanderung sich gelohnt hat, mögen die in nachfolgendem niedergelegten Resultate entscheiden.

Zur Erläuterung und Controle des Textes sind einige Lichtdruck-Tafeln beigefügt, welche aus der Hof-Lichtdruck-Anstalt von J. Baeckmann in Carlsruhe herrühren.

Herrn Professor W. Braune, welcher mir bei der dialektischen Prüfung und der Lesung der Handschriften wiederholt behülflich gewesen ist, sowie den verehrlichen Vorständen der Bibliotheken in München, Gotha, Dresden, Stuttgart und des Gräfl. Erbach'schen Gesammt-Haus-Archivs, aus deren Schätzen mir die betreffenden Mss. anvertraut worden sind, insbesondere auch Herrn Buchhändler K. J. Trübner in Strassburg, dem ehemaligen Besitzer des Hamilton-Codex, sei an dieser Stelle der verbindlichste Dank ausgesprochen.

Heidelberg, im Mai 1890.

Dr. Adolf von Oechelhäuser.

INHALT.

I.

DIE HANDSCHRIFTEN DES WÄLSCHEN GASTES.

Das unter dem Namen: „Der wälsche Gast" bekannte mittelhochdeutsche Lehrgedicht des Domherrn von Aquileja, Thomasin von Zerclaere, welches derselbe in den Jahren 1215 und 1216, seiner eigenen Angabe zufolge, innerhalb 10 Monaten gedichtet hat, ist uns in einer Anzahl Handschriften überliefert, von denen weitaus der grössere Theil mit Illustrationen versehen ist. Ausser den 12 von H. Rückert*) benutzten sind dem Verfasser noch zwei weitere Handschriften bekannt geworden: eine nachstehend unter V beschriebene Pergament- sowie eine aus St. Peter im Schwarzwald stammende Papier-Handschrift, welche jetzt in der Hof- und Landesbibliothek in Karlsruhe aufbewahrt wird**). Von diesen 14 sind nur 4 Handschriften ohne bildlichen Schmuck, und fallen in Folge dessen für unsere Betrachtungen aus.

Wir lassen zunächst eine Aufzählung und kurze Beschreibung der illuminirten Handschriften des wälschen Gastes folgen:

1. Die älteste und textlich wichtigste ist die Heidelberger Pergament-handschrift Cod. Pal. Germ. 389, ein dicker Octavband von 225 Blättern, im Katalog von K. Bartsch***) unter No. 211 verzeichnet und beschrieben. Nach Rückert's

---

*) Heinrich Rückert, Der wälsche Gast des Thomasin von Zirclaria. Quedlinburg u. Leipzig 1852.

**) Die von K. Goedeke (Grundriss zur Geschichte der deutschen Dichtung, 2. Aufl. I. 1884, S. 163) angeführte 13./Handschrift ist irrthümlich als Eichstädter bezeichnet (vergl. Pertz. Archiv IX. 559) und wahrscheinlich mit der von uns unter VI beschriebenen Papier-Handschrift identisch. Das Karlsruher Ms. stammt aus dem XV. s., und ist laut eingetragener Notiz i. J. 1764 vom Abt von St. Peter im Schwarzwald erstanden. In den Columnen ist Platz für Bilder leer gelassen, und zwar an denselben Stellen, an welchen in den nachstehend beschriebenen Handschriften die Illustrationen eingefügt sind.

***) Karl Bartsch, Die altdeutschen Handschriften der Universitäts-Bibliothek in Heidelberg. Heidelberg 1887.

Vorgange bezeichnen wir dieselbe mit A. Friedr. Adelung, der zur Zeit, als unsere deutschen Codices Palatini noch in der fast unzugänglichen Vatikanischen Bibliothek lagerten, die ersten „Nachrichten von altdeutschen Gedichten, welche aus der Heidelbergischen Bibliothek in die Vatikanische gekommen sind", veröffentlicht hat, bezeichnet dieselbe richtig als die älteste der Heidelberger Handschriften, ohne das Alter derselben näher zu bestimmen*). Friedrich Wilken nimmt allgemein das XIV. Jahrhundert als Entstehungszeit an**), während Wilhelm Grimm das XIII. Jahrhundert dafür in Vorschlag bringt***). Ebenso glaubt Rückert aus sprachlichen Gründen, der Handschrift jedenfalls kein höheres Alter, als den Schluss des XIII. Jahrhunderts zuschreiben zu sollen†): Karl Bartsch††) bezeichnet allgemein das XIII. Jahrhundert. Eine sichere Datirung ist aus dem Stil und den Trachten der Illustrationen gleichfalls nicht zu gewinnen, im Allgemeinen weisen aber auch diese eher noch auf das XIII. als auf das XIV. Jahrhundert hin, so dass wir kaum fehlgehen werden, wenn wir die Entstehungszeit unserer Handschrift in die zweite Hälfte des XIII. Jahrhunderts setzen.

Der örtliche Ursprung ergiebt sich aus den Dialektformen, welche nach dem Urtheil Wilhelm Braune's mit Sicherheit auf das bairisch-österreichische Sprachgebiet hinweisen, also auf eine Gegend, welche dem Entstehungsorte des Gedichtes relativ am nächsten liegt.

Der Text ist durchweg von derselben sorgfältigen Hand in einer gedrängten Columne hintereinander weg geschrieben, so dass ringsum am Rande hinlänglich freier Platz zur Anbringung von 106 Illustrationen zur Verfügung blieb. [K. Bartsch zählte nur 95 Bilder; die Abweichung rührt daher, dass derselbe an einigen Stellen äusserlich zusammenhängende, aber dem Gegenstand nach nicht zu einander gehörige Darstellungen als eine Nummer gezählt hat.] Unsere Handschrift unterscheidet sich in dieser von dem Text unabhängigen Anordnung der Illustrationen von allen übrigen Mss. Letztere zeigen den Text nämlich durchweg in zwei Columnen geschrieben und die Bilder innerhalb derselben an eigens vom Schreiber dafür ausgesparten Stellen eingefügt; nur selten erscheint auch der Rand mitbenutzt, am häufigsten noch in der Gothaer Handschrift (s. S. 4). Die Bilder in A stammen sämmtlich von einer Hand, wenn es auch den Anschein hat, als ob vorübergehend von Fol. 42 bis 47 ein anderer Zeichner eingetreten sei. Der Unterschied der auf diesen Blättern befindlichen 4 Bilder von den übrigen beruht ledig-

---

*) Königsberg 1796; II, 128.
**) Fr. Wilken, Geschichte der Bildung, Beraubung und Vernichtung der alten Heidelbergischen Büchersammlungen. Heidelberg 1817. S. 460.
***) Göttinger gel. Anz. 1835, Stück 42 und 43, S. 414 Anm.
†) A. a. O. S. 402.
††) A. a. O. S. 119.

lich in der eintönigen Färbung. Dem Zeichner scheinen für kurze Zeit gewisse Farben ausgegangen zu sein.

Wie Rückert seiner Ausgabe des wälschen Gastes den Text von A zu Grunde legte, so wollen auch wir bei den folgenden vergleichenden Studien den Bilderkreis dieser ältesten und werthvollsten Handschrift des Gedichtes als Grundlage benutzen und können uns somit an dieser Stelle ein näheres Eingehen auf den Stil und die Darstellungsweise der Illustrationen von A ersparen *).

II. Dem Alter nach steht unserer Heidelberger Pergament-Handschrift am nächsten der Stuttgarter Perg.-Cod. (Poet. u. Philol. No. 1 fol.), von Rückert mit S bezeichnet. Einer auf dem letzten Blatte befindlichen Schlussnotiz zufolge ist derselbe auf Veranlassung eines Regensburger Bürgers (der Name ist nicht mehr leserlich) i. J. 1328 „den lautten ze einer pefferum" geschrieben worden. Eine zweite Jahreszahl: 1359, die sich auf dem Schriftzettel eines Bildes auf fol. 14ᵇ befindet, giebt offenbar die Zeit der Entstehung der Illustrationen an. Es erscheint unwahrscheinlich, dass zwischen der Niederschrift des Textes und der Anfertigung der Bilder ein Zeitraum von über 30 Jahren liegen soll, da aber die zweite Zahl mehr Vertrauen verdient, als das in einer nachträglich, von anderer Hand zugefügten Schlussnotiz befindliche ältere Datum, so dürfte die Entstehung der Handschrift um die Mitte des XIV. Jahrhunderts anzusetzen sein.

Der Stuttgarter Codex ist nicht nur am Anfang unvollständig, sondern auch in der Mitte lückenhaft erhalten. Die Anzahl der Bilder, welche im Gegensatz zum Text, der verschiedene Schreiber verräth, alle von einer Hand herrühren, beträgt 92. Dieselben sind ohne Umrahmung in die Columnen eingefügt und von grosser Flüchtigkeit der Ausführung. Die Höhe der einzelnen Figuren beträgt wie in A im Durchschnitt 4 bis 5 cm, doch fehlt den Bildern in Folge einer schwerfälligen, pastosen Färbung der skizzenhafte Charakter, welcher die Heidelberger Randzeichnungen so anziehend macht. Als Lieblingsfarbe des Malers erscheint ein vollständig deckendes Giftgrün, welches auch als Schattenton bei den gelben Gewändern verwendet ist; daneben herrschen ein etwas schmutziges Blauroth sowie dunkles Blau und Orangegelb vor. Die Schatten in den Gewändern sind farbig, in den Lokaltönen gehalten und verdecken gewöhnlich die darunter liegenden Faltenstriche. Ein schmutziger Fleischton trägt nicht gerade zur Verschönerung der Gesichter bei, welche ausserdem sehr flüchtig und roh gezeichnet sind und nur selten über einen nichtssagenden, schielenden oder pfiffigen Ausdruck hinweg kommen. Dass der Zeichner mit der Feder geschickter war wie mit dem Pinsel, beweisen hier und da unter und neben der Farbe hervortretende

---

*) Nur allgemein sei bemerkt, dass die Figuren noch nirgends jene übertrieben schlanken, für die gothische Periode charakteristischen Verhältnisse aufweisen, so dass auch aus diesem Grunde die Annahme der Entstehungszeit im XIII. Jahrhundert den Vorzug verdient.

1*

Faltenstriche und Körper-Umrisse. Die Haltung der Figuren ist meist eine steife und unbeholfene. Der Künstler hat sich begnügt, sein Vorbild in der allgemeinen Anordnung wie im Einzelnen fast ganz ohne eigene Zuthaten gedankenlos nachzuahmen, und hat weder verstanden, den einzelnen Figuren Leben einzuhauchen, noch die betr. Vorgänge einigermaassen anschaulich umzugestalten. Alles ist bei ihm Schablone, das Figürliche ebenso wie das Architektonische und Landschaftliche. Höchstens dass bei den Pferden hier und da sorgfältigere Umrisse auftreten. In der Architektur vermeidet der Maler offenbar absichtlich, aus später zu erörternden Gründen, die gothischen Bauformen seiner Zeit zu Gunsten derer des älteren, romanischen Stiles, eine Eigenthümlichkeit, welche wir noch mehrmals auch in anderen Mss. hervorzuheben haben werden, während im Gegensatz dazu Kleidertracht und Bewaffnung in der Regel die Mode der betreffenden Zeit, in der das Ms. entstanden ist, wiederspiegeln.

Die Tracht ist dementsprechend die der ersten Hälfte des XIV. Jahrhunderts, also aus der Zeit vor der grossen Umwälzung in der Mode, welche, dem Limburger Chronisten zufolge, seit der Mitte desselben Jahrhunderts nach dem Aufhören der grossen Pest in Deutschland durch das Eindringen französischer Trachten erfolgt war. Die Ritter tragen noch Ringelpanzerung und Topfhelm, die Männer durchweg noch den weiten, wenigstens bis über die Kniee reichenden, langen Rock, die Frauen einfache lange, um die Hüfte gegürtete Kleider und lose herabhängendes Haar. Schnabelschuhe fehlen.

Wie flüchtig der Maler von S in der Anfertigung der Bilder verfahren ist, beweist ausserdem die grosse Zahl der unbeschrieben gelassenen Schriftzettel, welche doch für ein Verständniss des Dargestellten nur in den seltensten Fällen entbehrlich waren; auch finden sich zahlreiche Schreibfehler und Wortverstellungen in den Beischriften und Schriftzetteln.

Von Linien-Perspektive sind dem Zeichner offenbar nicht die einfachsten Grundregeln bekannt gewesen. Die Linien schwinden und verkürzen sich ganz willkürlich. Im Ganzen also recht unerfreuliche Leistungen einer flüchtigen, handwerksmässig betriebenen Illuminirkunst.

III. Der Gothaer Perg.-Cod. (Mbr. 1 No. 120) G.*) ist der subscriptio auf fol. 197ª zufolge am Freitag den 18. August des Jahres 1340 vollendet worden. Die zu Be-

---

*) Beschr. in Jacobs u. Ukert, Beitr. II 305 f. Derselbe stammt, wie das eingeklebte ex libris beweist, aus der kurfürstlichen Bibliothek in München. Möglich, dass dieser Cod., ebenso wie die Gothaer Prachthandschrift des neuen Testamentes (s. v. Oechelhäuser, Miniaturen etc. 1. Theil S. 1 Anmkg.) mit der Heidelberger Palatina i. J. 1623 nach München gekommen, daselbst zurückbehalten und i. J. 1632 durch Bernhard von Weimar entführt worden ist. Die Palatina würde somit vor ihrer Entführung fünf Handschriften des wälschen Gastes, darunter vier illuminirte, besessen haben.

ginn und am Ende der Handschrift befindlichen Eintragungen, sowie die Namen der früheren Besitzer weisen, wie bei der Stuttgarter Handschrift, auf Regensburger Ursprung hin, wenngleich die Dialektformen des Textes mehr der ostfränkischen Gegend angehören*).

Die Handschrift enthält ausser einem Widmungsbilde auf dem letzten Blatte (s. u.) 119 Illustrationen, welche mit Ausnahme der dem Texte vorangehenden und folgenden Bildergruppe zum grössten Theil ohne Umrahmung in die Columnen eingefügt, theils aber auch als Randzeichnungen wie in A behandelt sind. Dieselben rühren sämmtlich von derselben Hand her und stehen in Bezug auf Zeichnung und Färbung auf einer weit höheren Stufe als die Illustrationen in S, welche sie auch in der Sorgfalt der Ausführung übertreffen. Die Zeichnung ist mit festen, flotten Strichen in den Umrissen entworfen, sodann mit leichten reinen Farbentönen übergangen und zuletzt mit schwarzen Schatten- und Faltenlinien versehen worden. Das Schematische, die Schablone, nach welcher der Künstler zu arbeiten gewöhnt war, verleugnet sich nirgends. Die Gesichter mit den gleichmässig herabwallenden Locken zeigen einen stereotypen, leblosen Ausdruck; nur selten erscheint, besonders im Profil, wo dies leichter zu bewerkstelligen war, der Versuch gemacht, eine Abwechselung in den Formen und im Ausdruck, oder gar eine Individualisirung einzelner Figuren als Bösewichter, Laster od. dergl. herbeizuführen. Auch die Falten werden nach einem bestimmten Recept gezeichnet, so z. B. die zwei Striche an dem mittleren Armgelenk, ferner die von den Hüften nach dem unteren Gewandsaum zu convergirenden Linien, welche die zwischen den Beinen sich bildenden Falten andeuten sollen, die Begrenzungslinien der sich umschlagenden Gewandzipfel: alle diese im Ganzen für den bestimmten Fall richtig gezeichneten Motive wiederholen sich kritiklos in einem fort: ebenso wirken die gezwungene Stellung der Füsse und die steife Haltung der Arme auf die Dauer sehr eintönig und ermüdend.

In der Färbung herrschen mancherlei Willkürlichkeiten, so z. B. in dem Fleischton der Gesichter, welche zwar gewöhnlich hell und natürlich, mit aufgerötheten Backen erscheinen, nicht selten aber auch eine schmutzige, violette Färbung, für die sich kein rechter Grund einsehn lässt, zeigen. Vielleicht haben wir es hier mit einem Ueberbleibsel der besonders im XI. und XII. Jahrhundert so beliebten Mode der bunten Fleischtöne zu thun. Bei den Haaren bevorzugt der Maler zu Anfang und zu Ende einen hellgelben, in der Mitte dagegen einen rothblonden Ton; ausserdem kommt aber auch hier und da blauschwarze Haarfärbung vor.

Die Zeichnung der Thierformen, des Landschaftlichen und des Architektonischen zeigt den Künstler von G ungefähr auf derselben niedrigen Stufe, wie den von S. Die

*) Nach Prof. Braune's Urtheil ist der Dialekt keinesfalls als fränkisch-thüringischer (s. Rückert a. a. O. S. 403) zu bezeichnen, ebensowenig als eigentlich bairischer, trotzdem er entschieden oberdeutsche Spuren aufweist.

wenigen im Text verstreuten zweifarbigen gothischen Initialen entbehren jeder kalligraphischen Ausschmückung.

Auch bezüglich der Tracht stehen sich G und S sehr nahe, nur dass das sogenannte mi-parti häufiger vorkommt. Diese bereits im X. Jahrhundert in Deutschland vereinzelt nachweisbare Mode der verschiedenfarbigen Längs- und Quertheilung an Röcken und Beinkleidern war im XIII. und XIV. Jahrhundert allgemein angenommen worden und erging sich zur Zeit der Verfertigung unserer Handschrift S bereits in jener hässlichen Uebertreibung, welche das Gewand wie aus viereckigen Flicken zusammengesetzt erscheinen lässt. Die Schuhe sind bei Männern und Frauen schwarz und spitz gezeichnet, eigentliche Schnabelformen treten aber auch hier noch nicht auf.

Das letzte Blatt enthält ein grosses Widmungsbild, offenbar von derselben Hand herrührend, wie die vorangehenden Illustrationen. Unter zwei roh stilisirt gezeichneten Bäumen, die sich mit ihren Stämmen schraubenartig umwinden und auf deren Zweigen sich verschiedene Vögel niedergelassen haben, erscheint links ein Rittersmann, stehend, in der Rechten ein Spruchband (Zuecker suezes mandel ris. din stette in tugend hat hohen pris. gnad du edeler selden schrin. diz buch ist worden durch tugend din.) tragend und die Linke geradeaus vorstreckend zur andern Seite hinüber, wo eine blondlockige Jungfrau in entsprechender Haltung dargestellt ist. Dieselbe legt ihre Rechte auf den vorgestreckten Arm des Jünglings; ihr Spruchzettel lautet: (Waz muetet me euwer hertze gegen mir mit tugend sol man ere zir · niht sult ir chlagen so ser an mich / swez ir git daz geschicht). Der Mann erscheint mit gebauschter Haube in langem, ungegürtetem röthlichem Festgewande, aus dessen enganschliessenden Aermeln ein Stück des blauen Untergewandes hervorsieht. Die Dame ist in rothem Kleide mit einem grünen, glatt herabhängenden Ueberwurf (sorket) dargestellt. Letzterer ist an den Seiten lang aufgeschlitzt und zeigt ebenso wie die schmalen, vom Ellenbogen herabhängenden Enden der engen Aermel Futter von Pelzwerk. Das goldgelbe, lockige Haar wird von einer schmalen Schapel zusammengehalten. Zur Vervollständigung der Scene ist links neben dem Herren ein Knappe, welcher das Schwert trägt und einen Hund an der Leine führt, sowie rechts neben der Dame das auf einem Ruhesitze hockende Schosshündchen derselben dargestellt. Der Knappe ist als Nebenperson unverhältnissmässig klein gezeichnet, gemäss einer althergebrachten, uns aus spät-byzantinischer Kunst überkommenen Gewohnheit, welcher wir u. A. auch in der Manesse-Handschrift und der Bilderchronik der Romfahrt Heinrichs VII. in Trier häufig begegnen. Das darüber befindliche Raidenbuch'sche Wappen ist erst später aufgezeichnet und steht im Zusammenhange mit einer Eintragung auf dem hinteren Deckelblatt v. J. 1543. Während in den älteren kirchlichen Handschriften Widmungsbilder an die Gottheit, an Heilige, oder auch an Fürsten, Bischöfe und Aebte bekanntlich nicht selten zu Beginn der Handschriften vorkommen, scheinen Dedicationen profaner Bücher in der oben beschriebenen sinnigen Weise und noch dazu am Schlusse nur ausnahmsweise angebracht worden zu sein.

IV. Der Erbacher Perg.-Cod. E, welcher sich in dem Gräflich Erbach'schen Gesammthaus-Archiv zu Erbach im Odenwald befindet, ist von Rückert[*] fälschlicher Weise als älteste der erhaltenen Handschriften bezeichnet worden, ein Irrthum, welcher wohl durch die Jahreszahl 1248 auf dem mehrmals erwähnten Schreiber-Bilde (fol. 12b) veranlasst worden ist. Schrift, Bild und Tracht weisen die Handschrift unbedingt in die zweite Hälfte resp. an den Schluss des XIV. Jahrhunderts. Ausserdem lässt sich die Entstehungszeit durch den alten Einband, der die leider am Anfang und Ende, sowie auch in der Mitte arg verstümmelte Handschrift umschliesst, etwas näher bestimmen. Der vordere Deckel enthält nämlich auf den beiden metallenen Unterlegplatten der Schliessstifte das Wappen der Herren von Falkenstein-Münzenberg in der Wetterau und das Trier'sche Kreuz. Mit grosser Wahrscheinlichkeit ergiebt sich hieraus, dass der Erbacher Codex für den Trierer Erzbischof Cuno von Falkenstein (1362—88) oder dessen Neffen und Nachfolger Werner (1388—1418) geschrieben worden ist[**]. Zu dieser zeitlichen Bestimmung passt die sich aus den Dialektformen ergebende örtliche Begrenzung, welche nach Prof. Braune's Ansicht auf das mittelfränkische Sprachgebiet und zwar mehr auf dessen südlichen Theil: Trier, als auf dessen nördlichen: Cöln, hinweist. Auch Rückert hatte den Ursprung der Handschrift in die Saar-Gegend versetzt.

Die oben angeführte Jahreszahl 1248 findet sich gleichfalls auf dem betreffenden Bilde in dem von Rückert nicht gekannten Hamilton-Ms. (s. u. S. 9) und giebt wahrscheinlich das Entstehungsjahr eines beiden Handschriften zu Grunde liegenden Codex an.

Die Erbacher Handschrift, welche im Aeussern den Charakter einer zu einem bestimmten Zwecke bestellten Prachthandschrift trägt, ist sowohl hinsichtlich der Schrift wie der Bilder die am sorgfältigsten ausgeführte unter allen erhaltenen Mss. des wälschen Gastes. Wegen der erwähnten Unvollständigkeit beträgt die Zahl der Illustrationen freilich nur 69, aber zum ersten Male treten uns hier, statt der freien, mehr oder minder skizzenhaften Ausführung in den vorerwähnten Mss., sauber ausgeführte, farbenprächtige Miniaturen auf goldenem oder goldgemustertem bunten Grund mit breiter, farbiger Umrahmung

---

[*] A. a. O. S. 415.

[**] Wir entnehmen diesen dankenswerthen Hinweis einem in die Handschrift eingeklebten Schreiben des Grafen Botho von Stolberg (d. d. Fürstenau 14. Jan. 1859). Wie uns der verst. Graf Ernst zu Erbach s. Z. mitgetheilt hat, stammt die Handschrift aus dem benachbarten Kloster Amorbach, welches durch Gustav Adolf in den Besitz der Erbacher gelangt war. Für denselben Erzbischof Cuno ist das im Trierer Domschatze aufbewahrte Gebetbuch angefertigt, welches der Janitschek'schen Beschreibung (Gesch. d. deutschen Malerei S. 192) zufolge in der Farbenpracht unserer Erbacher Handschrift nahe verwandt sein muss.

entgegen. Die sich leider ungebührlich breit machenden Spruchzettel sind weiss ausgespart und sauber in Roth beschrieben.

Der Stil der glänzenden Gouache-Bilder und der dornblattumrankten Initialen weist auf den Einfluss der benachbarten französischen und burgundischen Schule, wie denn auch in der Tracht der Figuren diese Nachbarschaft deutlich hervortritt. An Stelle der getuschten Zeichnung tritt die Malerei mit bunten Lichtern und Schatten. So sehr aber auch die farbenprächtigen Bilder der Erbacher Handschrift den unscheinbaren Randzeichnungen unseres Heidelberger Codex A äusserlich überlegen sind, eine entsprechende Ueberlegenheit in künstlerischer Hinsicht ist durchaus nicht vorhanden. Weder in dem Ausdruck, noch in der Bewegung der Figuren ist grössere Natürlichkeit erreicht worden. Landschaft, Architektur und Perspektive stehen auf demselben Niveau, wie z. B. in der Gothaer Handschrift. Selbst die Pferdeformen, auf die gewöhnlich besonderer Werth gelegt wurde, erscheinen ganz hölzern und unbeholfen. Die absichtliche Beibehaltung der rundbogigen Bauformen (s. oben S. 4) ist auch hier zu constatiren, wenn auch nicht selten gothische Einzelheiten zum Durchbruch gelangen.

Wichtig erscheinen die Bilder in Hinsicht auf die Zeittracht, da dieselben bald nach Einführung der neuen fremdländischen Mode, von der oben bereits die Rede war und welche ein bis dahin ungeahntes Modenarrenthum im Gefolge hatte, entstanden sind. Die Männer, besonders die alten, erscheinen theils in ungegürtetem, bis auf die Füsse reichendem Tappert, meistens aber in der kurzen, enganschliessenden französischen Schecke, welche reich mit Knöpfen besetzt und entweder um die Taille gegürtet oder um die Hüften von einem lose herumliegenden Gürtel umgeben ist. Die Würdenträger, welche meist durch eine flache Kappe mit umgeschlagenem Pelzrand (Barett) ausgezeichnet erscheinen, tragen über dem langen Rock den weiten Rückenmantel, während die gewöhnlichen Leute einen kurzen Radmantel (Glocke) tragen. Eine Hauptrolle spielt die in ältern Zeiten nur der dienenden Klasse eigene Kaputze (cucullus, Gugel, Kogel), welche in der Regel als selbständiger Theil, seltener mit dem Gewande zusammenhängend gezeichnet ist, und zwar mit schmalem, lang herabhängendem Ende, über den Kopf gezogen oder im Nacken herabgelassen; auch die oben geschnürten Schnabelschuhe, welche damals in Deutschland neu ihren Einzug hielten, nachdem dieselben in Frankreich bereits im XII. Jahrhundert vereinzelt und seit Beginn des XIV. Jahrhunderts allgemein in Aufnahme gekommen waren, sind mit offenbarer Vorliebe dargestellt. Die Männer erscheinen im Gegensatz zur Sitte der früheren Jahrhunderte meistens bärtig.

Die Rüstung der Ritter weist gleichfalls auf die zweite Hälfte resp. den Schluss des XIV. Jahrhunderts hin, da Arm- und Beinschienen vorkommen, welche den Uebergang vom Kettenpanzer in die Plattenrüstung einleiteten. Ueber dem Kettenpanzer wird ein enganliegender, farbiger Waffenrock (Lendner) getragen; die Helmform ist noch die spitze, ältere Form mit anschliessendem Ringelpanzerkragen, wie sie in unserer Handschrift des Rolandsliedes die Regel bildet*).

Die Tracht der Frauen ist eine einheitliche und besteht aus einem einfarbigen, oberhalb des stark hervortretenden Busens tief ausgeschnittenen, um die Hüften ohne Gürtel eng anliegenden und bis auf die Füsse reichenden Kleide mit langen, engen Aermeln ohne jede Verzierung. Die ältern Frauen tragen meist noch einen weiten Schultermantel, der hinten nachschleppt. Ausnahmsweise sehen wir auf fol. 9ᵃ eine Frau mit faltenreicher Rise um Kinn und Oberhaupt, sowie auf fol. 12ᵃ die neu eingeführte Hulle oder Kruselle, eine Art Haube, welche, Kopf und Schultern bedeckend, mit mehreren über einander liegenden Reihen gefältelter Krausen (plissés) besetzt ist.

Auf einigen Bildern (z. B. fol. 22ᵇ, 56ᵃ) findet sich zur Belebung des goldenen Hintergrundes als Tapetenmuster ein Doppeladler aufgezeichnet, dessen Einführung in das kaiserliche Majestätswappen auf König Wenzel zurückzuführen ist. (So enthält z. B. bereits eine vom 17. September 1381 datirte Urkunde Wenzel's auf der Heidelberger Universitäts-Bibliothek den zweiköpfigen Adler auf der Rückseite des Majestätssiegels, während die ebendaselbst aufbewahrten älteren Urkunden Ludwig's des Baiern und Karl's IV. je einen Adler links und rechts vom thronenden Imperator auf dem Avers zeigen.) Die Annahme eines Zusammenhanges zwischen der Einführung dieser Neuerung und der Zeichnung des Doppeladlers in dem Erbacher Ms. erscheint naheliegend, und würde die Entstehung des letzteren somit auch aus diesem Grunde etwa in die letzten 20 Jahre des XIV. Jahrhunderts zu setzen sein.

Einen besondern Schmuck des Buches bilden die meist zu Anfang der grösseren Abschnitte auftretenden reich verzierten Initialen, mehrfarbig auf goldenem Untergrund, oder golden auf mehrfarbigem Untergrunde, von bunten oder goldenen Dornblattranken umzogen. Blau und Lila sind dabei die vorherrschenden Farben.

V. Als jüngste der Pergament-Handschriften ist die (Rückert unbekannt gebliebene) Handschrift zu bezeichnen, welche i. J. 1882 aus der Sammlung des Herzogs von Hamilton mit den übrigen Cimelien nach Berlin kam und bis z. J. 1888 als Cod. Hamilton No. 675 im Kupferstichcabinet des Kgl. Museums aufbewahrt wurde**). Im letztgenannten Jahre gelangte leider ein grosser Theil dieser herrlichen Sammlung dem ursprünglichen Plane zufolge zum Wiederverkauf und ging in den Besitz des Buchhändlers Trübner in Strassburg über, welcher mir das darunter befindliche Ms. des wälschen

---

*) A. v. Oechelhäuser, Die Miniaturen der Universitäts-Bibliothek zu Heidelberg. Erster Theil. Heidelberg 1887. S. 67.
**) Janitschek, Gesch. d. deutschen Malerei S. 191, und W. von Seydlitz im VII. Bande des Repertorium. 1884. S. 305. Im neuesten Katalog von Quaritch mit 150 £ ausgeboten.

Gastes in dankenswerther Weise so lange zur Verfügung stellte, bis dasselbe auf einer im Mai 1889 zu London abgehaltenen Auction für den Preis von 340 £ in den Besitz des Buchhändlers Quaritch überging. Wir bezeichnen diese Handschrift mit H.

Auf dem Vorsatzblatte befindet sich die eingeschriebene Inhaltsangabe: plusieurs moralités en haut allemand comment un se doit gouverner en ce monde. Der Name des früheren Besitzers scheint ausgeschnitten. Die Eröffnungs-Initiale auf der folgenden Seite enthält das von zwei Engeln getragene Allianzwappen des Kaisers Maximilian I. und dessen zweiter Gattin Bianca Maria Sforza. Die Herkunft der Handschrift aus kaiserlichem Besitz dürfte somit ausser Zweifel stehen. Da jedoch alle äusseren Merkmale auf eine frühere Entstehungszeit, nämlich auf die Wende des XIV. zum XV. Jahrhundert hinweisen, so ist die Zeichnung des Wappens offenbar erst hinzugefügt worden, als das Ms. in den Besitz des kaiserlichen Sammlers gelangte.

Dem Dialekt nach gehört H der grossen alemannischen Mundart (schwäbisch-elsässisch), also dem westlichen Theile Süddeutschlands an, während unsere Heidelberger Pergament-Handschrift A aus der östlichen Hälfte desselben stammt. Das bisher nicht näher beschriebene Ms. enthält auf 120 Pergament-Blättern in Klein-Folio (24 × 32 cm) den vollständigen Text des Gedichtes (ohne Vorrede) in zwei Columnen von verschiedener Zeilenzahl (schwankt zwischen 29 und 44 Zeilen)*), anscheinend von derselben Hand geschrieben. Eingestreut sind 118 Miniaturen in Umrahmung, welche in ihrer farbenprächtigen Erscheinung denen des Erbacher Codex fast ebenbürtig, in künstlerischer Hinsicht aber sehr unterlegen erscheinen. Die Zeichenkunst ist an der äussersten Grenze der Unbeholfenheit und des Schematismus angekommen. Man betrachte die Gesichter: zwei parallele schräge Striche, an deren oberem Ende sich die Augenbrauen als steife Horizontallinien ansetzen, bezeichnen die Nase, ein anderer breiter Horizontalstrich den Mund. Die Augen bestehen aus einer mit den Augenbrauen parallel laufenden geraden Linie mit einem die Pupille bezeichnenden schwarzen Punkte darunter; Ohren werden in der Regel gar nicht zur Anschauung gebracht. Das Haupthaar liegt in zwei dicke Wulste („Kolben") vertheilt an den Schläfen; nicht minder steif ist die Behandlung der Bärte. Leblos und einförmig wie der Ausdruck der Gesichter erscheinen auch die sich stets wiederholenden Gesten.

Wie schematisch der Zeichner auch bei andern Dingen verfährt, zeigt die Darstellung des Erdbodens (auf fol. 12ᵇ, 21ᵃ u. 99ᵃ), der sich in stilisirten Linienzügen wie Basaltfels über einander thürmt**). Die Zeichnung der Thier- und besonders der

---

*) Die Verschiedenheit rührt daher, dass innerhalb der oberen und unteren Abschlusslinien keine Zwischen-Liniirung vorgenommen worden ist und der Schreiber abwechselnd die Reihen eng oder weit dazwischen eingefügt hat, ein unverkennbares Zeichen vom Sinken der guten Tradition.

**) Eine auffällige Aehnlichkeit ist in dieser Beziehung mit der Ambraser Wenzels-Bibel vorhanden. Vgl. Abbildung in Janitschek's Gesch. d. deutschen Malerei S. 188.

Pferdeformen steht auf derselben niedern Stufe; nur hier und da zeigt ein besser gelungener Baum, dass dem Künstler der Zusammenhang mit der Wirklichkeit nicht völlig abhanden gekommen ist. Das Unglaublichste leistet der Zeichner aber in der Architektur; wir erblicken die unmöglichsten Formen in den unmöglichsten Verbindungen: von Perspektive dämmert nur eine leise Ahnung (s. z. B. fol. 39ᵇ).

Ohne tieferes Eingehen auf die Dichtung hat der Maler die Vorbilder sklavisch und flüchtig zugleich nachgeahmt. Ein Verständniss des Vorganges ist oft selbst mit Hilfe der (noch dazu häufig unsinnig copirten) Spruchzettel kaum zu erzielen.

Das Ganze besticht trotzdem durch einen gewissen Reiz der Farbe; ohne übertriebene Buntheit, in kräftigen Deckfarben, mit farbigem Schatten ausgeführt, haben die Bilder ein sehr gefälliges Aussehen. Gold kommt ausser in den Umrahmungen und Hintergründen nur ausnahmsweise bei Kronen und Schmuckgegenständen vor, ebenso Silber selten, als Hintergrund nur ein einziges Mal zum Bilde auf fol. 73ᵃ verwendet. In der Regel wird der Hintergrund aus einem Teppichmuster oder aus blau abgetönter Luft mit weissen Wolken in horizontal gelagerten Streifen gebildet.

Die Hamilton-Handschrift ist im Ganzen nach dem oben Gesagten als ein Specimen des Verfalls zu bezeichnen. Auch das Schreiben ohne vorgerissene Linürung, sowie die Einförmigkeit der Initial-Verzierungen ist hierfür charakteristisch. Die Tracht der Figuren ist mit der in E beschriebenen, einzelne unwesentliche Abweichungen abgerechnet, eng verwandt, und bestätigt gleichfalls die oben angenommene Datirung. Als den Bildern dieser Handschrift nächststehend sind die Miniaturen der Stuttgarter Weltchronik zu bezeichnen.

Von den Papierhandschriften des wälschen Gastes, welche sämmtlich dem XV. Jahrhundert angehören, ist wohl die älteste:

VI. die Münchener Pap.-Hds. der Kgl. Hof- und Staatsbibliothek, Cgm. 571; 4" (ehemals in der Ulmer Stadtbibliothek), U*). Die auf dem Schreibzettel des Bildes auf fol. 22ᵇ befindliche Jahreszahl 1408, welche sich in der nachstehend unter No. 10 aufgeführten Wolfenbütteler Handschrift an derselben Stelle vorfindet, mag das richtige Entstehungsjahr angeben, wiewohl nicht ausgeschlossen ist, dass der Copist auch darin einfach der Angabe eines aus dem gen. Jahre stammenden Vorbildes gefolgt ist **). Dem Dialekt nach gehört diese Handschrift ebenso wie die beiden nachstehend beschriebenen Mss. D und a dem östlichen Theile des mittleren Deutschlands an.

Der fast ganz vollständig erhaltene Codex enthält 110 in die Columnen eingefügte, leicht colorirte Bilder ohne Umrahmung im flotten Federzeichenstil der Zeit.

*) Rückert a. a. O. S. 420.
**) Ueber den Zusammenhang beider Handschriften s. unten im III. Theile.

2*

Der Kunstwerth der sämmtlich von einer Hand herrührenden Illustrationen ist ein geringer, dennoch macht sich in den Bewegungen und Mienen nicht selten ein frischer lebhafter Zug geltend, welcher zu der trockenen Eintönigkeit der vorbeschriebenen Gouache-Bilder in erfreulichem Gegensatze steht. Die Färbung ist leicht und flüchtig mittelst einer sich auf Blau, Grün und Roth beschränkenden Farbenreihe ausgeführt. Nicht selten erscheinen nur die Umrisse der Flächen und einzelne Faltenstriche bunt angelegt. In der Tracht spielen Zaddelwerk und Schellengürtel an den Jackets der Männer, sowie lange Häng-Aermel bei den Damenkleidern eine Hauptrolle; die Gugelhaube erscheint selten mehr, um so häufiger der faltenreiche Kopfbund mit steif abstehenden Enden. In der Rüstung tritt der Brustharnisch neben Bein- und Armschienen auf. Die Pferdeformen sind trotz aller Flüchtigkeit nicht ohne Geschick. Architektur und Landschaft aber um so nebensächlicher und kindlicher behandelt.

VII. Die Dresdener Pap.-Hds. (Kgl. Bibl. Msc. Dresd. M. 67. fol.). D. auf deren hervorragende textliche Wichtigkeit Rückert (a. a. O. S. 419) zuerst aufmerksam gemacht hat. stammt aus der Mitte des XV. Jahrhunderts und ist mit 110 kleinen, skizzenartig in die Columnen eingefügten, bunten Bildern versehen, die sämmtlich bis auf eines (Barbier-Bild auf fol. 23ᵇ) von derselben Hand gefertigt sind. Nicht nur in der Zeichnung und Colorirung sind diese Illustrationen sorgfältiger und besser, als die in den übrigen Papier-Handschriften des wälschen Gastes befindlichen, sondern der Künstler giebt auch mehrfach bei Abänderung des Vorbildes sowohl hinsichtlich der Zeichnung, wie der Schriftzettel Beweise einer freiern und selbständigern Auffassung. Freilich fehlt es anderseits auch nicht, wie wir sehen werden, an Flüchtigkeiten und Verstössen mancherlei Art, sowie an unmotivirten Abweichungen vom Vorbilde. Im Ganzen ist der Bilderkreis ebenso wie der Text dieser Handschrift nach einer guten Vorlage gefertigt, welche die engste Verwandtschaft mit unserer Heidelberger Pergament-Handschrift verräth.

Die Tracht der Männer unterscheidet sich wenig von der in U dargestellten, nur dass das mi-parti eine grössere Rolle spielt. Die Sendelbinde kommt häufig vor, ebenso die Gugel mit mässig langen Enden. Die Frauen erscheinen theils in ausgeschnittenen, theils in hohem Schleppkleide. Die Vornehmern (besonders auch die Tugenden) tragen das Haar auf den Schläfen in Hörner gerollt nach burgundischer Mode, meist mit einem faltenreichen Schleier darüber, der nur bis zum Halse herabreicht. Die Faltengebung ist mit grosser Sorgfalt behandelt, erscheint aber vielfach schon geknickt und geknittert, wie dies für das XV. Jahrhundert charakteristisch ist: die Engel auf fol. 37ᵃ und 57ᵃ könnte in dieser Beziehung ein Martin Schongauer gezeichnet haben. Landschaftliches und Thierformen ziemlich gut, die Perspektive noch in den Kinderschuhen.

Von den beiden Heidelberger Papier-Handschriften ist weitaus die bessere:

VIII. Cod. Pal. Germ. 320 (Bartsch No. 152), a. ein stattlicher Folioband mit vollständigem in 2 Columnen von derselben Hand geschriebenem Text und 117 gleichfalls von einer Hand herrührenden Illustrationen. Dieselben sind flotte, flüchtige Federzeichnungen grösseren Formats mit leichter, eintöniger Lavirung. Der Tracht nach gehört die Handschrift in die erste Hälfte des XV. Jahrhunderts; der betreffende Schriftzettel auf dem 35. Bilde ist unbeschrieben. Als Hauptvorzug dieser Illustrationen ist eine gewisse Deutlichkeit zu bezeichnen, welche der Zeichner theils durch Aenderung der Gruppirungen, Gesten und Stellungen, theils durch Verbesserung der Schriftzettel-Texte erstrebt hat. Manche in den ältern Mss. unverständliche Darstellungen werden durch die betreffenden Bilder dieser Handschrift überhaupt erst erklärlich.

Die Tracht zeigt bei den Frauen, als einzige Auffälligkeiten, neben den seltener auftretenden burgundischen Haar-Puffen ein breites rothes Band mit auf den Nacken herabhängenden Quasten in das Haar geflochten, sowie ein übermässiges Werthlegen auf dünne Taillen. Auch hier, wie in der Dresdener Papier-Handschrift, eine auffällig gute Faltengebung neben dem Vorkommen von Knickfalten, besonders bei sitzenden Personen. In der Perspektive sind offenbare Fortschritte zu constatiren (fol. 75^a, 96^b), wenngleich noch vielfach Verzeichnungen und Fehler unterlaufen. Die Thierformen sind flüchtig und roh, aber nicht ohne Verständniss gezeichnet; in Bezug auf das Landschaftliche (Baumschlag) verräth sich bei aller Flüchtigkeit zuweilen eine verständnissvolle Natur-Beobachtung, die den übrigen Mss. fast durchweg abgeht.

In jeder Beziehung tiefer steht die 2. Heidelberger Papier-Handschrift:

IX. Cod. Pal. Germ. 330 (Bartsch 160), b. Die Ausführung der 110 Bilder dieser mit zahlreichen lateinischen Glossen versehenen Handschrift ist eine überaus flüchtige und skizzenhafte. Mit Ausnahme von wenigen Stellen (No. 99 und 100) kam es dem Zeichner lediglich darauf an, die in den Columnen ausgesparten Stellen rasch mit Illustrationen zu versehen, welche ohne jedes tiefere Eingehen copirt und, wo der Platz nicht ausreichte, in willkürlichster Weise verstümmelt wurden. Auch die Färbung ist von der grössten Flüchtigkeit und Eintönigkeit. Von Kunstwerth kann bei diesen dilettantischen Erzeugnissen des bilderfrohen XV. Jahrhunderts keine Rede sein.

Den Schluss macht:

X. Die mit 118 colorirten Federzeichnungen geschmückte Handschrift der Herzoglichen Bibliothek zu Wolfenbüttel. 37. 19. Aug. Fol. (Vgl. C. P. C. Schönemann, zweites und drittes Hundert Merkwürdigkeiten der Herzoglichen Bibliothek zu Wolfenbüttel, Hannover 1852, S. 33 No. 206, und Rückert a. a. O. S. 240), W *). Wie erwähnt, steht dieselbe sowohl hinsichtlich des Textes, als auch hinsichtlich der Illustrationen der unter VI. beschriebenen Münchener, ehemals Ulmer Handschrift, mit der sie auch dieselbe Jahreszahl 1408 (fol. 24 b) auf dem Bilde des Schreibers gemein hat, so auffällig nahe, dass die Annahme einer direkten Abhängigkeit unumgänglich erscheint. Dabei ist U, wie sich aus den nachstehenden Untersuchungen ergeben wird, zweifellos als die ältere Handschrift zu betrachten. Auch in Stil und Technik ist die Uebereinstimmung eine so vollkommene, dass in dieser Beziehung auf die Beschreibung der Ulmer Handschrift verwiesen werden kann. Die Erhaltung der Handschrift ist eine vorzügliche.

*) Den Bestimmungen der Wolfenbütteler Bibliotheks-Ordnung zufolge konnte diese Handschrift (als die einzige) leider nicht hergesandt und mit den übrigen hier „confrontirt" werden, doch wurde die Vergleichung an Ort und Stelle durch das gütige Entgegenkommen des Oberbibliothekars von Heinemann in dankenswerthester Weise erleichtert.

II.

VERGLEICHENDE BESCHREIBUNG DER ILLUSTRATIONEN ZUM WÄLSCHEN GASTE UNTER ZUGRUNDELEGUNG DER ÄLTESTEN HEIDELBERGER HANDSCHRIFT.

Die vorbeschriebenen 10 illuminirten Handschriften des wälschen Gastes umfassen hinsichtlich ihrer Entstehungszeit einen Zeitraum von zwei Jahrhunderten und erstrecken sich hinsichtlich ihres Entstehungsortes fast über alle Theile des mittelhochdeutschen Sprachgebietes. Um so wichtiger ist das aus der Vergleichung der Bilderfolgen der einzelnen Handschriften gewonnene Resultat, das an dieser Stelle vorausgeschickt werden mag, dass nämlich bei sämmtlichen Mss. eine strenge Uebereinstimmung in der Zahl, Reihenfolge und Anordnung der Illustrationen vorhanden und dass als gemeinsamer Ausgangspunkt eine verloren gegangene Handschrift anzusehen ist, die wir in Folgendem als Original-Handschrift mit O bezeichnen wollen.

Als Grundlage der vergleichenden Betrachtung, die wir nachstehend geben, ist aus naheliegenden Gründen die Bilderfolge der ältesten, der Heidelberger Pergament-Handschrift A gewählt und somit auch nach dieser die Numerirung der Bilder vorgenommen worden. Um diese Untersuchungen nicht zu umfangreich zu gestalten, können wir natürlich nicht im Einzelnen auf alle Abweichungen eingehen, sondern werden uns in vielen Fällen auf die Constatirung der Thatsache der event. Abweichung und auf die Besprechung der wichtigsten Veränderungen zu beschränken haben.

1) Fol. 2ª. Links die **Bosheit** als ärmlich gekleidetes, hässliches Weib in verschränkter Haltung, mit Spruchzettel in der Rechten (*Plinh aller slaht ungemach*) vor dem **Bosviht***) stehend. Derselbe, gleichfalls in abschreckender Hässlichkeit, bucklig und krumm,

---

*) Der Text der Schriftbänder wimmelt in unserm, wie in allen übrigen Mss., von Schreibfehlern, die wir möglichst berichtigt wiedergeben, ohne dabei jedoch der Eigenartigkeit der betr. Schreibweise zu nahe zu treten.

mit langer, spitzer Nase und struppigen, rothen Haaren dargestellt, steht abgewendet, dreht aber den Kopf nach seiner Herrin herum und giebt durch den Spruchzettel (Jch tuon swaʒ ir gebitet) seine Unterwürfigkeit zu erkennen. Weiter nach rechts in der Mitte des Bildes erscheint eine männliche Gestalt in langem blauen Gewande, ohne nähere Bezeichnung, mit gekreuzten Armen nach beiden Seiten hinweisend. Zuäusserst rechts als Gegenstück: das Unterliegen des Lasters unter der Frömmigkeit; Der frum man (Du biſt unter minen vuoʒ) tritt mit den Füssen auf die am Boden lang hingestreckt liegende Boſheit, welche in ohnmächtigem Zorn den Blick nach oben richtet.

Der Vorgang ist einfach und verständlich dargestellt, in losem Anschluss an die Verse 76—86 der Einleitung*), worin der Verfasser erklärt, dass er sich mit der Huld der Guten zufrieden gebe und den Spott der Bösen verachte. Die mittlere Figur ist somit wohl als der Dichter selbst aufzufassen, der auf den Sieg des Lasters und den der Tugend hinweist.

In allen Mss., welche am Anfang vollständig sind, d. h. in G. H, D, a, b und W dieselbe Scene in derselben Anordnung wiederkehrend.

2) Auf derselben Seite weiter unten: Der Empfang des „wälschen Gastes", (wie der Verfasser sein Gedicht selbst nennt) in Deutschland, nach V. 87 ff. In einem von zwei Thürmen flankirten Thorbogen sitzt ein Weib mit Schapel und lang herabwallenden Locken, die Tenſchen zunge, mit der Linken ein Spruchband (Seit mir chan si daʒ) haltend und die Rechte dem vor ihr knieenden Fremdling, Der welſch gaſt, der eben vom Pferde gestiegen ist, zum Willkomm entgegenstreckend. Das Pferd steht gesattelt und gezäumt zuäusserst rechts vor einem Baum, dessen Fuss unten nicht sichtbar ist, so dass der Stamm wie aus dem Sattel herauswachsend erscheint.

Die Handschriften G und D zeigen den Vorgang bis auf Kleinigkeiten genau ebenso wiedergegeben, haben aber statt des auf unserm Schriftbande vorhandenen unvollständigen Textes die offenbar ursprünglichen und ganz ähnlich tönenden, richtigen Worte: Sendet mir tomasin daʒ (G) und: bis wilkum kaufmann (D). Die Lesung von G und D findet sich in H, a, b und W wieder, die aber in der Anordnung der Figuren mancherlei Abweichungen von einander aufweisen. So erscheint z. B. in a die deutsche Zunge stehend als modisch gekleideter Junker. Unverständlich ist in A die Beischrift: Verbot am Kopfe des knieenden Gastes, ebenso wie diejenige in G: tam efficiens und D: gnad fraw an derselben Stelle. Das gemeinsame Vorbild in O hat offenbar diese Abweichungen durch Unklarheit oder Undeutlichkeit der Schriftzüge veranlasst, ein Vorgang, der uns wiederholentlich begegnen wird. Der ohne jede Erklärung leicht verständliche Vorgang wird

*) Wir citiren nach der Rückert'schen Ausgabe, deren Text hauptsächlich aus A zusammengestellt ist.

somit, besonders in A, durch die falsch wiedergegebenen Schriftzettel lediglich verschleiert. In S, E und U fehlen die betreffenden Blätter.

Mit diesem zweiten Bilde endet die Vorrede oder Einleitung des Gedichtes. Die Handschriften G, H, U, D, a, b und W (S und E sind auch hier noch unvollständig) bringen hierauf eine Anzahl völlig übereinstimmender Bilder, welche nur in A fehlen und sich am vollständigsten in G und W, wenn auch zum Theil nicht am richtigen Platze vorfinden; in G nämlich bis auf eines nicht an der bezeichneten Stelle, sondern offenbar aus Platzmangel auf einer besonderen Seite vor Beginn des Textes zusammengestellt, in W ursprünglich an der richtigen Stelle; das betr. Blatt ist jedoch irrthümlich als vorletztes hinten im Ms. eingefügt worden. Dargestellt sind: 1) Die Tugend als thronende Herrscherin, vor welcher die ſtete maʒe recht und milte als Vasallen stehen; 2) als Gegenstück dazu die Untugend mit unſtete, unmaʒe, unrecht, erge; 3—6) Einzel-Kämpfe der gen. Tugenden mit den entsprechenden Lastern. In voller Rüstung sprengen die Tugenden einher und rennen die fliehenden Laster mit eingelegter Lanze von hinten her über den Haufen. Das 7. hierzu gehörige Bild findet sich in G an der richtigen Stelle, d. h. zwischen Vorrede und Gedicht-Anfang, und stellt die unmâ͂ʒʒ (sinnlos verschrieben für unmuoʒʒ) dar, wie sie mit geschwungener Geissel hinter der fliehenden muoʒʒe einhergaloppirt. Man könnte dies letzte Bild als Illustration zu den Anfangs-Versen des Gedichtes auffassen, wir werden aber sehen, dass diese eine andere, sich enger anschliessende Darstellung gefunden haben. Die vorbezeichneten Bilder sind ohne Bezug auf eine bestimmte Textstelle lediglich als allgemeine bildnerische Inhaltsangabe zu betrachten, gerade wie wir am Schlusse einer ähnlichen für sich bestehenden Schlussserie begegnen werden.

Derartige Darstellungen kämpfender Tugenden und Laster lassen sich bereits in den frühesten Perioden des Mittelalters nachweisen und gehen nach den Untersuchungen von Grimouard de St. Laurent (Man. de l'art chrét. Paris 1878, pag. 297) auf die Psychomachie des Prudentius zurück*), in welcher Fides gegen Idolatria, Pudicitia gegen Libido, Patientia gegen Ira, Superbia gegen Humilitas, Sobrietas gegen Luxuria, Largitas gegen Avaritia und Concordia gegen Discordia kämpfend und siegend dargestellt werden. Die sinnige, phantasiereiche Art, in welcher Prudentius diese Kämpfe vorführt, steht freilich im schroffen Gegensatz zu unseren jeder Charakterisirung baaren Zweikämpfen, die sich in Nichts von den weiterhin vorkommenden gewöhnlichen Kampf-Darstellungen unterscheiden. Die Tugenden, sonst meist als Frauen dargestellt, erscheinen hier natürlich in männlicher Gestalt.

Die Frage, ob diese Bilder in der Original-Handschrift O vorhanden gewesen und vom Zeichner von A absichtlich weggelassen sind oder nicht, wollen wir vorläufig unerörtert lassen.

---

*) Vergl. den Artikel: „Tugenden" von Kirsch in Kraus' Real-Encyklopädie etc. II, 925.

— 18 —

H*) und a enthalten diese Bilder bis auf eines (thronende Untugend) vollständig, in b fehlen zwei, in D sogar vier. U weist nur noch fünf Darstellungen dieser Serie auf, die beiden ersten sind aber offenbar auf dem jetzt fehlenden Blatte gleichfalls vorhanden gewesen.

3) Fol. 3ᵇ. Die Trägheit im Kampfe mit Frömmigkeit und Faulheit (V. 141 ff.). In der Mitte **tracheit** als Jüngling in schwebender Lage (**Ja ist ez noch niht tach**), rechts eine stehende Figur, welche bemüht ist, ihn an den Händen emporzuziehen (**wol uof, wol uof**), während eine zweite Gestalt, die **frumcheit**, ihn mit einem Stecken von der andern Seite her zum Aufstehen antreibt (**Stant uof tracheit**). Im Gegensatz dazu erscheint die Faulheit als hässlicher Kobold in der Mitte am Boden hockend und den Trägen mittelst einer um den Hals gelegten Schlinge am Aufstehen verhindernd (**Cige stille, lige stille**).

Die äussere Anordnung in G, E, H und D genau dieselbe; nur dass in den beiden letztgenannten Mss. statt der schwebenden Haltung, deren Wiederkehr in G und E für die strenge Befolgung des Vorbildes bezeichnend ist, eine Lagerstatt dargestellt ist, in welcher der Faule ruht. U, a, b und W zeigen den Vorgang etwas abweichend; in S fehlt das betreffende Blatt.

4) Fol. 4ᵃ. Ruhmredigkeit, Lüge und Spottsucht nach V. 217 ff., als die drei Laster, vor denen sich der höfische Mann in erster Linie hüten soll. Wir sehen vier einzelne Figuren neben einander stehend in Vorderansicht; zuäusserst links die **luge** als reich gekleidetes Weib mit einer Art Judenhelm auf dem Kopfe; sie wendet sich mit schmeichelnder Geberde (**Sprich ich han si gehabt**) zu einem neben ihr stehenden, völlig unbekleideten Jüngling, dem **ruom** (dies Wort ist in A, da am Rande stehend, abgegriffen, aber nach den übrigen Handschriften zweifellos zu ergänzen), der listig überlegend (**Da ist si mir holt**) die Hand an's Kinn gelegt hat. Weiter rechts der **spot**, als hässlicher Mann, den Kopf nach links gewandt (**wi si dich an chapht**) und mit der Rechten nach der andern Seite zeigend, wo sich ein „schönes Weib", darüber verwundert (**zwen zeiget er an mich**) zeigt.

Der Vorgang ist nicht recht deutlich, aber mit Hülfe der Spruchzettel immerhin verständlich ausgedrückt. Der Zeichner zeigt die drei Untugenden in einem concreten Falle. Der Renommist wird von der Lüge und dem Spott in seiner Einbildung einem schönen Weibe gegenüber, das in geschickter Weise als Objekt in die Darstellung gebracht ist, unterstützt. In E ist unter Verkennung des Vorganges das Weib rechts als Scham (**schemede**) bezeichnet, in den übrigen Mss., die sich alle eng an das gemeinsame O anschliessen, ist dieselbe wie in A ohne Beischrift. **Ruom** erscheint durchweg nackt, theils als Mann (H und D), theils als Weib (E, a und b), theils geschlechtslos (A, G, U und W).

---

*) Abbildung der ersten Hälfte dieser Scenen aus H in Janitschek's Gesch. d. deutschen Malerei, S. 191.

In der strikten Nachahmung derartiger, innerlich kaum zu begründender Züge offenbart sich am deutlichsten die Macht, sowie die Dauer des Einflusses von O. In W sind Bild 4) und 5) in der Reihenfolge vertauscht.

5) Fol. 4ᵇ. Der Treueschwur nach V. 223 u. 224. Links ein Weib (Jch getruwe dir wol), welches ihre Hand in die eines rechts neben ihr stehenden Mannes (Nim min triuwe) legt.

Mit geringer Abweichung in den Spruchzetteln überall ebenso. a. U und W zeigen übereinstimmend die ineinander liegenden Hände frei isolirt vom Körper zwischen den beiden Figuren in der Luft schwebend. Da eine direkte Abhängigkeit zwischen a und U resp. W nicht vorhanden ist, so geht diese seltsame Anordnung offenbar auf ein älteres gemeinsames Vorbild zurück, welches diese geschmacklose Abweichung selbständig aufgebracht hat; die enge Verwandtschaft von U und W zeigt sich hier zum ersten Male in auffälliger Weise.

6) Fol. 6ᵃ. Der Schlemmer flieht die Argheit und fällt in die Bande der Leckerheit (s. V. 325 u. 326). Rechts thront Erge als Weib auf einer Geldkiste mit einem pompadourartigen Geldbeutel unter den linken Arm geklemmt, und sucht vergebens, indem sie auf ihre Schätze hinweist (wis hie sich waz pheninge) den von ihr fliehenden lecher an der Schulter zurückzuhalten. Dieser giebt ihr den Abschied (Jch wil niht arch sin), und wird von der Lecherheit mit offenen Armen in Empfang genommen. Zwischen beiden hockt, einen Mörser mit den Beinen haltend, der Koch (chot) am Boden als kleiner Kobold, der auf Befehl seiner Herrin, der lecherheit (Mach im ein salser), dem lecher ein Mahl bereitet.

Die Anordnung, dass der Koch zwischen den beiden Figuren hockt, findet sich nur in D wieder, das, wie wir sehen werden, neben G die meiste Verwandtschaft mit A hat; alle übrigen Handschriften zeigen den Koch zufsserst links. Diese Aenderung wird somit bereits in einer der Tochterhandschriften von O vorgenommen und von da direkt oder indirekt in G, E, H, U, a, b und W übergegangen sein. E, welches in dem Text der Bilder vielfache Freiheiten aufweist, fügt hinzu: Daz ist der apoteker unde machet lettvarie, hat überhaupt den Sinn etwas verdreht, den Geldbeutel weggelassen, den lecher halbnackt dargestellt u. s. f.

7) Fol. 6ᵇ. Der Bär als Sänger (s. V. 357 u. 358). Ein Mann schlägt einen aufrecht vor ihm hockenden Bären mit der Linken auf den Kopf, während er denselben mit der Rechten vergeblich einen Notenzettel zum Absingen vorhält.

Diese Darstellung ist wegen der Notenzettel in den verschiedenen Handschriften von besonderem Interesse. Aus dem Vergleich derselben ergiebt sich nämlich, dass O den Anfang eines offenbar im Anfang des XIII. Jahrhunderts in der Ursprungsgegend des Codex bekannten und beliebten Hymnus an Maria: Alma redemptoris mater etc. mit den

3*

zugehörigen Noten resp. Neumen auf dem betreffenden Zettel enthalten haben muss. Von O aus ging dann dieser Hymnus-Anfang unter den verschiedenartigsten Verstümmelungen seitens nicht notenkundiger Schreiber in die jüngeren Handschriften über. So ist in A nur der Anfangsbuchstabe A (hua) mit einer Anzahl neumenartiger Zeichen dahinter zu erkennen, in b hält der Singlehrer einen grossen Zettel unter dem Arme, auf welchem der Anfang des Hymnus in Noten auf 4 Linien mit untergeschriebenem Text genau so wiedergegeben ist, wie er in dem aus dem XIV. Jahrhundert stammenden Reichenauer Cod. der Karlsruher Hof- und Landesbibliothek CCIX fol. 52ᵇ uns überliefert worden ist*). Die übrigen Handschriften zeigen in mehr oder weniger deutlicher Form die Anfangs-Buchstaben oder -Worte mit auf- und absteigenden notenartigen Zeichen dazwischen. Auch hier also wieder die Tyrannei des Vorbildes bis in's XV. Jahrhundert vorhaltend; nur D giebt statt der Noten lediglich den Text auf dem Schriftzettel.

8) fol. 10ᵃ. Die Erziehung des Kindes unter dem Einflusse von Furcht und Zucht (s. V. 591 ff.). In der Mitte der Meister sitzend, mit einer Ruthe in der ausgestreckten Rechten das vor ihm stehende völlig nackte **chint** bedrohend (oder schlagend) und zum Gehorsam (**Tuo fwaz zuht gebiutet**) ermahnend. Rechts davon **Diu vorht (Merch iz wol wil du genesen)**, links **die zuht (Gebor recht und wol)**, letztere den Meister, erstere das Kind an der Schulter berührend.

Am engsten mit A stimmen wiederum G und D überein: in den übrigen Mss. finden sich mehr oder minder starke Abweichungen, so besonders in E, wo der Meister das Kind über das Knie gelegt hält und in drastischer Weise mit der Ruthe auf das entblösste Hintertheil schlägt.

9) Fol. 10ᵇ. Das Kind und der Weise nach V. 641—643. Links **der wife man** thronend — wir gebrauchen den Ausdruck „thronend" allgemein für feierliches Dasitzen auf einem mehr oder minder reich verzierten Sitz, Sessel o. dergl. — mit mahnend erhobener Rechten (**Jch fiehe (dich) wol**); vor ihm rechts steht etwas abgewendet **der iunchtrre**, welcher fragend: (**Sit ir da maifter**) den Kopf nach ihm umwendet.

Es ist dies eine von den vielen Darstellungen unseres Cyklus, welche ohne Beischriften unverständlich sein würde. Der Copist von E hat sich offenbar nicht die Mühe gegeben, den Text zu lesen, da er sinnloser Weise statt eines jungen Mannes — in den meisten Mss. als flotter Stutzer gezeichnet — einen langbärtigen Alten in Mantel und Gogel dargestellt hat.

10) Fol. 11ᵇ. Die Spieler; in freiem Anschluss an V. 687 f., wo im Allgemeinen vor den üblen Folgen des Spieles gewarnt wird. In der Mitte ein aufgeklapptes

---

*) Ich verdanke diesen Hinweis unserm Akademischen Musikdirektor, Herrn Professor Wolfrum.

Spielbrett mit 3 Würfeln darauf; vor demselben links der glückliche Spieler in sitzender Stellung, sich nach rückwärts mit der Aufforderung: (Nu vrage den) an eine zuäusserst rechts stehende männliche Figur: das Reht wendend, welche als bekanntes Symbol eine Waage horizontal im Arme trägt und den betr. Spieler warnt: (Er tut dir unreht). Auf der andern Seite der Mitspieler völlig entkleidet, und in der erhobenen Rechten den Würfelbecher schwingend; auf den Knieen ruht der Rock als letzter Spieleinsatz; trotzdem er selbst sich vom Gegner betrogen glaubt (Er hat mir vor gesetzet), wird er von der hinter ihm stehenden Girde in seiner Spielwuth noch bestärkt. Dieselbe legt ihm die Hand auf die Schulter und räth ihm: (Spil auf den roch du gewinnest), während der Zorn, zuäusserst rechts mit einem entblössten Schwert in der Linken dastehend, die Leidenschaft des Spielers zu einer Gewaltthat anzufachen sucht: [wirf in mit dem stein]. Der Vorgang ist verständlich dargestellt; nur der Sinn des Schriftzettels des links sitzenden Spielers erscheint unklar. Die Aufforderung: Nu frage in, welche er an das Recht ergehen lässt, steht nämlich mit der Antwort des Letzteren in keinem Zusammenhang.

Die allgemeine Anordnung von A ist in allen Mss. auf's Sorgfältigste beibehalten, erhält aber durch die Texte oft ganz verschiedene Bedeutung. Dieselben lauten z. B. in E folgendermassen: Der spieler (Nu frage in) — Daz ist daz [reht] (Er duot mir gar unreht) — Daz ist der unwise [Er hait vor gesat uff in] — Die ist die girde (Spiele uff mich duo gewinnes) — Daz ist der zorn (wirff in daz bret). Noch freier ist der Maler von b verfahren: Der spiler (Nu vraget doch dy leute dy do sten) — Daz recht — (Herre ir thut mir unrecht) . . . . . . (Er hat mich vor ein freihart) — Girheit (Spil uf mich du gewynnest) — Zorn (Wag es und wirf vor dich).

Man kann diese Veränderungen nicht eben als Verbesserungen bezeichnen. Spiel auf den „roch" findet sich ausser in A nur noch in G; selbst D, welches sonst so eng mit A verwandt erscheint, hat mit den übrigen Mss.: spiel auf „mich". Dass beide Spieler in A sitzen, ohne dass ein Sitz dargestellt erscheint, ist eine häufig wiederkehrende und bereits mehrmals erwähnte Eigenthümlichkeit und zwar nicht nur in A, sondern auch gelegentlich in G. Offenbar handelt es sich hierbei ursprünglich nur um ein Vergessen des Zeichners, das aber dann für eine gewisse Reihe von Tochterhandschriften in unverständiger Weise vorbildlich wurde.

11) Fol. 12 b. Drei Figuren, schräg übereinander angeordnet; als oberste: der sin, sitzend, und mit der Rechten auf seinen eignen Kopf weisend (Siehe herz mir). Mit der Linken hält derselbe der zweiten Figur: der wille, einen Stab hin, während diese in derselben Weise mittelst eines Stabes die unterste Figur: Daz werch, zum Gehorsam ermahnt (Volge mir). Der Spruchzettel der letzteren lautet: (Ich sol ez tuont). An dem untersten Stabe steht beigeschrieben: der liebe gerte.

Der Sinn der Darstellung ist, dass jedes Werk des Menschen unter dem Einfluss des Willens und der Ueberlegung stehen solle, da der Mensch sich ja hierdurch vom Thiere unterscheide (V. 725 ff.), ein Satz, der natürlich nur in allgemeinster Andeutung zur Darstellung gebracht werden konnte. Auf unserm Bilde macht es den Eindruck, als ob **der liebe gerte** wie in D (wo diese Bezeichnung freilich fehlt) und W ein einziger von der obersten Figur bis zur untersten reichender und der Figur des Willens unterm Arm hindurch gehender Stab wäre, die übrigen Mss. zeigen aber deutlich zwei Stäbe und zwar den oberen in der Regel noch mit der Beischrift: **der bejcheidenheit gart** (G) versehen. In H und E sind die Stäbe aus Unverstand ganz weggelassen, die Bezeichnungen derselben aber vorhanden. D ist die einzige Handschrift, welche die drei Figuren n e b e n einander stehend zeigt.

Die Bilderfolge in S beginnt erst mit dieser Darstellung; die vorhergehenden Blätter fehlen sämmtlich.

12) Fol. 13ᵃ. Das schöne Weib zwischen dem bösen und dem guten Rathgeber, frei nach V. 773 ff. In der Mitte ein Weib stehend (**Jr jchone macht ir jchande** [V. 827]), links davon **Der gut ratgebe** als blonder Jüngling (**Volge guter lere**), rechts **Der ubel ratgebe** (**Volge mir dijen tach**) als solcher äusserlich durch ein hässliches Gesicht charakterisirt.

Die Anordnung von A kehrt in allen Mss. wieder, dagegen weichen die Schriftzettel zum Theil erheblich von einander ab, am auffälligsten in S und H. Hier locken die beiden Rathgeber mit dem Beispiel der Helena und Andromache (**volg helen der jchoenen und vol adromaches** [ier]). Der Zeichner von H hat aber unvernünftigerweise das schöne Weib ausserdem selbst als **Die jchoen elena** bezeichnet. Da S und H in keinem direkten Abhängigkeitsverhältniss stehen, und auch die direkte Benutzung eines gemeinsamen Vorbildes ausgeschlossen ist, so folgt aus dieser Uebereinstimmung das Vorhandensein einer Handschriften-Familie, in welche diese Aenderung durch irgend ein älteres Ms. eingeführt worden ist. Der Name der treuen Gattin des Hektor kommt nicht im Texte vor, während von der wankelmüthigen, schönen Königinne Helena wiederholt V. 773 f. u. 820 f. die Rede ist. Der betreffende Urheber dieser Abänderung scheint somit in diesen Dingen einigermassen bewandert gewesen zu sein.

13) Fol. 14ᵇ. In der linken Hälfte des Bildes das schöne Weib, welches von dem hinter ihr stehenden, und die Hand auf ihre Schulter legenden unjinn (V. 878) bös berathen wird (**Cuoz er ijt jin wol wert**), so dass sie unter freundlichen Worten (**Jh tuon jwaz dir lib ijt**) dem ihr gegenüberstehenden Verführer die Hand zum Bunde hinhält. Letzterer, durch einen hinter ihm stehenden und auf das schöne Weib hinweisenden Rathgeber auf deren Vorzüge aufmerksam gemacht (**jich wi wolgetan ji ijt**), streckt ihr um so bereitwilliger (**Jch bite ji dejt gerner**) gleichfalls die Hand entgegen.

Die Handschriften S G E und b, welche sich im übrigen genau an die Anordnung unseres Bildes anschliessen, zeigen in der Hand der Schönen eine Blume (Lilie), die auch wohl in O vorhanden gewesen sein wird. Wenigstens wird die eigenthümliche Handhaltung in A nur durch diese Annahme erklärlich. Eine alleinstehende Abweichung zeigt a. Der sonst meist als Junker bezeichnete Liebhaber erscheint hier als ein hässlicher, kahlköpfiger Mann, vor dem die Schöne entsetzt zurückführt, während der unfin dieselbe vortreibt. Die unveränderten Worte des Schriftzettels der Schönen stehen freilich mit dieser Auffassung in Widerspruch, immerhin ist aber der Versuch, etwas dramatisches Leben in den Vorgang zu bringen, beachtenswerth.

14) fol. 14 b. Die Vogelsteller. In den Zweigen eines Baumes hocken 2 Männer, welche mittelst vorgehaltener langer Fangruthen die von rechts herbeifliegenden Vögel zu fangen suchen.

Das Bild ist im Anschluss an die Verse 891 und 892 entstanden, in welchen das verführerische, schöne Weib mit einem Vogelsteller verglichen wird, und kehrt in allen Mss. mit entsprechenden Abänderungen wieder. Wir erhalten dadurch einen lehrreichen Einblick in die verschiedenen Arten des Vogelfanges der betr. Zeit und Gegend. Der Flobe erscheint auf unserm Bilde als ein langes Stück Holz, dessen oberer Theil in zwei auseinander klaffende Hälften gespalten ist. Mittelst einer Schnur, deren Ende der Vogelsteller in der Hand hält und welche kreuzweis durch Löcher in den beiden hölzernen Armen hindurchgeführt ist, können letztere schnell zusammengezogen werden, so dass der daraufsitzende Vogel mit den Fängen oder dem Schwanzende eingeklemmt wird. Als Lockvogel dient der Uhu, welcher in D, wo diese Fangweise am deutlichsten dargestellt ist, hinten auf einer besondern Stange sitzend erscheint, während in A in Folge des Fehlens eines kleinen Pergamentstückes nur noch ein kleiner Theil derselben zu sehen ist. Der Vogelsteller selbst ist im Gebüsch des Baumes verborgen oder hockt, wie in a, in einer grünen Laubhütte*). G und S zeigen den Vorgang in ähnlicher Weise; abweichend dagegen erscheint derselbe in E, wo ein Mann mit einem zwischen 2 Stöcken ausgespannten Fangnetze nach den auf einem Baum sitzenden Vögeln langt, während ein zweiter eine Leimruthe emporhält, sowie in H, wo ein Reifen mit einer Schnur daran zum Zuziehen emporgehalten wird. — Die Zeichnung des Baumes in unserer Handschrift A ist äusserst schematisch. Es ist dasselbe stilisirte Rankenwerk mit abstehenden und sich überschlagenden Blättern, welches in den gleichzeitigen Initialen eine grosse Rolle spielt. Der Zusammenhang mit der Naturbeobachtung scheint ganz verloren. Die jüngeren

---

*) In derselben Weise sehen wir den Vogelfang in einer Miniatur des Livre du roy Modus der National-Bibliothek in Paris (XIV s) dargestellt. Reproduktion in P. Lacroix. Moeurs, usages et costumes au moyen âge et à l'époque de la renaissance, Paris 1871, fol. 229.

Handschriften zeigen hierin durchaus keinen Fortschritt, mit Ausnahme von a, dessen Zeichner sich auch sonst hier und da als ein verständnissvoller Beobachter des Natürlichen zeigt.

15) fol. 15ᵃ. Eine einzelne männliche Figur: leit, stehend und mit dem Ausdruck der Trauer (V. 912—915.) die rechte Hand an die Wange legend.

In allen Handschriften genau ebenso wiederkehrend.

16) fol. 16ᵃ. Als Gegenstück zum vorigen Bilde sehen wir im Anschluss an Vers 965 ff., in denen von den Eigenschaften des falschen Weibes die Rede ist, eine stehende einzelne weibliche Figur: falſch, in Schleppkleid mit lang herabwallenden Haaren, in der Rechten einen Eimer, in der Linken ein Flammenbüschel haltend. Wasser und Feuer erscheinen sinnbildlich für die Zweizüngigkeit derselben.

S, G, U, D, b und W stimmen mit A vollständig überein, nur dass in U und W aus Unverstand die Flammen auch aus dem Eimer resp. Korbe emporlodernd gezeichnet sind. Der Zeichner von a lässt die Eimer ganz fort; in E fehlt das betreffende Blatt.

17) Fol. 16ᵇ. Als Illustration zu dem Spruche: Der tôren netze iſt wibes ſchoene (V. 1003), sehen wir Daʒ ſchone wip mit der Linken ein geöffnetes, sackartiges Netz hinhaltend, in welches sie mittelst eines langen, löffelartigen Stockes einen am Boden kriechenden Mann — Der torſche man — hineinjagt.

Die übrigen Handschriften zeigen andere Formen des Fangnetzes (so S, G, H, U, b und W übereinstimmend ein zweitheiliges rundes Handnetz mit Zugschnüren, D dagegen ein grosses Stellgarn und a einen viereckigen kastenartigen Behälter), im Allgemeinen aber herrscht eine übereinstimmende Anordnung. E wie oben.

18) Fol. 17ᵃ. In freiem Anschluss an Vers 1056 ff. ist dargestellt, welchen verschiedenartigen Einflüssen die Jugend ausgesetzt ist. Zu äusserst links sitzt (wie so oft in unserer Handschrift und auch in G frei schwebend, ohne Sitz s. o. S. 21) die tracheit (Du chumſt dar niht) und sucht mit vorgebeugtem Oberkörper und vorgestreckten Armen eine jugendliche Figur festzuhalten, welche hilfesuchend (hilf mir von hinne) eine rechts vor ihr stehende Person umschlingt. Letztere ist in keiner der Handschriften mit einer Beischrift versehen, soll aber wohl den Gegensatz zur Trägheit darstellen. Sie begrüsst den Jüngling mit ermuthigender Anrede: (Hab gedingen zu mir), indem sie ihn zugleich aus den Händen der Trägheit zu befreien sucht. Die rechte Hälfte des Bildes zeigt einen ähnlichen Vorgang. Hier streiten sich zwei zuäusserst rechts stehende Weiber, in S, G und a als ſrumcheit und Ere bezeichnet, um den Vorrang in der Gunst des links ihnen gegenüberstehenden Jünglings, dem beide die eine Hand entgegen-

strecken, während die andere den betreffenden Schriftzettel: (Gib mir in her) (Wis wille-chomen) hält. Der Schriftzettel des Jünglings lautet: (Emphah mich ich bin e chom.)

Offenbar ist hier eine Verwechslung der beiden letztverzeichneten Schriftzettel vor-gekommen, da der Vorgang sonst keinen Sinn haben würde, und zwar muss diese Ver-wechslung schon in O vorhanden gewesen sein, da alle andern Handschriften hierin mit A übereinstimmen. Der Zeichner von a, der sich auch hier wieder von den übrigen ge-dankenlosen Copisten vortheilhaft unterscheidet, hat das Unsinnige dieser Anordnung der Beischriften dadurch zu umgehen gewusst, dass er den Jüngling in der zweiten Gruppe nach links herum drehte und unter Beibehaltung des männlichen Geschlechtes als vierte Tugendpersonifikation der sitzenden Trägheit gegenüberstellte. Damit ist die Doppel-theilung des Bildes verschwunden, freilich aber auch der Sinn wesentlich verändert.

19) Fol. 19ᵃ. Der Minne Macht und Ohnmacht (s. V. 1179—1200). Links Diu minne, als völlig unbekleidete weibliche Gestalt mit einem Köcher an der Seite und mit geschlossenen Augen; sie hält einen Pfeil auf der gespannten Bogensehne schussbereit auf den ihr gegenüberstehenden bethörten Mann — der torsch man — gerichtet, der bereits im rechten Auge einen Pfeil stecken hat. Die Devise der Minne lautet: (Jch bin blint und mach blinten), der Spruchzettel des Thoren: (Du wisest mich wol). Rechts daneben als Gegenstück abermals die minne in derselben Weise, aber mit gesenktem Bogen vor dem weisen Manne stehend, der ihr einen Pferdezaum, das bekannte Symbol der Zähmung der Lüste und beliebte Attribut der Constantia — ftäte — vorhält und auf die Frage der ersteren (Ja fol ich dich wisen) mit: (Jh wise dich baz) antwortet.

Aus Versehen ist in unserer Handschrift A der weise Mann rechts gleichfalls als torsch man bezeichnet, während in allen andern Mss., die im Uebrigen auf's Genaueste mit A übereinstimmen, die richtige Bezeichnung vorhanden ist, ein Beweis, dass keine derselben als Tochterhandschrift der unsrigen aufzufassen ist, da sonst von einem der gedankenlosen Abschreiber dieser Irrthum sicher irgendwo aufgenommen sein würde. Der Pferdezaum ist von den Copisten in seiner Form und Bedeutung wiederholt nicht erkannt worden, was um so unbegreiflicher ist, als im Texte des finnes zoume (V. 1188) besonders genannt wird. So erscheint derselbe in H als ein oben spitzbogig endendes Brett, in S als ein rundbügeliger, nicht näher bestimmbarer Gegenstand, in U und W als eine Büchse mit Deckel und in a fast wie eine Laterne. Ebenso ist die Bedeutung der Blindheit des Verliebten mittelst des im Auge steckenden Pfeiles den Copisten von H, U, a, b und W völlig entgangen. In E, U, a und W erscheint der Weise als alter Mann mit langem Bart.

Die Darstellung der Frau Minne als nackte weibliche Gestalt mit Köcher, Pfeil und Bogen geht durch alle unsere Handschriften hindurch. Pfeil und Bogen, der antiken Vorstellung des Liebesgottes entnommen, finden sich wiederholt als Attribut der Frau Minne, so z. B. auch auf fol. 237ᵃ der grossen Heidelberger Liederhandschrift (Manesse-Codex), woselbst die Minne als Helmschmuck des muthig durch das Wasser einhersprengenden Sängers Ulrich von Lichtenstein dargestellt ist. Zwar ist hier nur der Pfeil vorhanden, dafür hält aber die mit einer Krone geschmückte Figur in der Linken einen Feuerbrand, gerade wie der Amor auf dem Schilde der Frau Minne in der Dichtung des wilden Alexander in derselben Handschrift (fol. 412ᵇ)[*] beschrieben wird. Gott Amor erscheint auch in des Konrad von Würzburg Trojanischem Kriege als **Cupide, der minne ſchütze** mit Pfeil und Bogen beim Hochzeitsfeste des Peleus und der Thetis[**]. Wir haben hier eines der zahlreichen Beispiele vor uns, welche uns von dem Fortleben der Antike im Mittelalter und von der Uebertragung antiker mythologischer Vorstellungen in den Ideen- und Formenkreis der christlichen Kunst Kunde geben[***]. Verhältnissmässig selten ist die Darstellung der Minne in unbekleidetem Zustande. Zwar wird Frau Venus auch in der sog. Meinauer Naturlehre im Gegensatz zu der in vollem königlichen Ornat erscheinenden Marin als üppige, gewandlose Schönheit beschrieben, doch ist der Zusammenhang mit der antiken Auffassung der Liebesgöttin hier schon durch den Namen nahe gelegt, ebenso wie die Darstellung des unbekleideten Amor auf Giotto's berühmter Allegorie der Keuschheit in der Unterkirche von S. Francesco in Assisi den direkten Zusammenhang mit der Antike nicht verleugnet. Binde und Pfeil erscheinen auch hier, während der dämonische Beigeschmack, den die Figur durch Anbringung der Krallenfüsse erhalten hat, ächt mittelalterlich-asketischer Anschauung entstammt.

20) Fol. 20ᵇ. „**Daʒ unſtete wip und ir minnere**" (G), frei nach Vers 1265 fl. In der Mitte sitzt (schwebend, s. o.) das unbeständige, untreue Weib, welches, seinem Motto (**An dem ꞓhauſe ſtet der liebe**) entsprechend, den einen, links von ihr am Boden knieenden Liebhaber (**Daʒ iſt gutlich getan**) schmeichelnd an's Kinn fasst, während sie zugleich über einen Zweiten rechts neben ihr mit überschlagenen Beinen dasitzenden (ohne Sitz, s. o.) Anbeter hinweg, welchen sie zum Zeichen des Einverständnisses auf den Fuss tritt (**Waʒ meint daʒ**), einem dritten, zuäusserst links im Bilde Stehenden die Hand reicht (**Wie ſie**

---

[*] Vgl. v. d. Hagen, Minnesinger Th. IV S. 668. Piper (Mythologie der christl. Kunst, Weimar 1847 I, 252) irrt, wenn er die beiden reitenden Frauenzimmer auf den Bildern des Wachsmut von Mühlhausen (fol. 183ᵇ) und des Bruno von Hornberg (fol. 251ᵇ) für Darstellungen der Frau Minne hält. Hier sind offenbar die betr. Liebsten gemeint, und der Pfeil in der Hand der ersteren bezieht sich auf die Stelle in der Dichtung, in der es heisst: diu liehten ougen din | eine strale hant geschossen in das herze min. Weitere Beispiele von Darstellungen der Frau Minne bei Piper, a. a. O. S. 253. Vgl. auch den eben erschienenen interessanten Aufsatz von Franz Wickhoff im 1. Hefte des 11. Bandes (1890) des Jahrb. d. K. Preuss. Kstslgen. über: Die Gestalt Amors in der Phantasie des italienischen Mittelalters.

[**] In der Keller'schen Ausgabe (Bibl. des litter. Vereins in Stuttgart XLIV) S. 12 V. 964—971.

[***] Vgl. Carl Meyer, Der griechische Mythus in den Kunstwerken des Mittelalters, Repertorium für Kunstwissenschaft XII. 159 ff. Daselbst auch weitere Beispiele.

mir die haut (druft)). Ein vierter Galan erscheint ganz rechts. Derselbe wird durch freundliche Blicke beglückt, so dass er sich für den einzigen Auserkorenen (Sie fieht nieman niwan mich) hält. Somit erhält jeder der vier minnere seinen Theil.

In den meisten Handschriften ist vom Copisten der Umstand übersehen worden, dass die Schöne mit dem zweiten Liebhaber „füsselt", wodurch allein die verwunderte Frage auf dem Schriftzettel motivirt ist, im Uebrigen aber erscheint das Vorbild sowohl in der allgemeinen Anordnung wie auch in den Einzelheiten aufs Genaueste nachgeahmt. Die Ueberschrift findet sich in allen Pergamenthandschriften ausser A.

21) Fol. 22ª. Die betrogene ehrbare Frau (s. V. 1372 ff.). In der Mitte der falich man, welcher mit trügerischem Schwur (des nim min triuwe) seine Rechte in die des ihm links gegenüberstehenden Weibes (Ich getruwe dir wol) legt, während er zugleich in der nach hinten ausgestreckten Linken von der untriuwe die Ruthe in Empfang nimmt, womit er die Treue des Weibes vergelten soll: (lone ir damit).

Ganz übereinstimmend in S, G und D; geringe Abweichungen in U, a, b und W. H hat die Untreue unsinniger Weise als bärtigen Mann dargestellt. In E fehlt das betreffende Blatt.

22) Fol. 24ᵇ. Frei nach V. 1523 ff., in denen die Thorheit alter Frauen, sich in übertreibender Weise ihrer ehemaligen Schönheit und ihrer Erfolge zu rühmen, gebührend verspottet wird, sehen wir Daz alte wip auf einem Polstersitze thronend, sowie mit einem Spruchzettel in jeder Hand: (hiephor da was ih wert) und (wer aht-nof dife iht). Etwas tiefer im Bilde, zu der renommirenden Alten emporschauend, links Daz chint, rechts die Junchfrowe.

Offenbar zeigte O nur den einen Schriftzettel in der Hand des alten Weibes: der andere gehört dem Sinne nach zweifellos in die Hand einer der beiden andern Figuren und haben auch S, G, E, H, U und W dementsprechend dich für dife. Der Copist von D hat sich in der Weise zu helfen gesucht, dass er dem zweiten Schriftzettel folgenden Wortlaut gegeben: (Wer acht unß icht) und die danebenstehende Jungfrau mit einem selbstständig erfundenen Spruchzettel versehen hat: (ich hor das dir lieb laid bring). In b ist diese Darstellung weggelassen, auch kein Platz dafür im Texte ausgespart.

23) Fol. 28ª. Illustration zu dem Grundsatze: Die Grossen sollen in der Lasterhaftigkeit nicht mit schlechtem Beispiel vorangehen (frei nach dem Anfang des 2. Buches, besonders nach V. 1750 ff.). Der boefe herre, auf einem Sessel thronend, weist mit der Rechten nach rechts hin auf einen vor ihm knieenden und ihn um Hilfe anflehenden (herre trofte mich) armen Mann und wendet sich mit der Aufforderung, den Bettler wegzujagen (flahen hin dan) nach der andern Seite, wo ein als der chamerere bezeichneter Mann steht, der mit einem dicken Knüttel hinter dem Herren her den Bettler auf den Kopf schlägt (Hin dan von minen herren). Letzterer ist als alter Mann mit

4*

zottigem Haupt- und Barthaar in einer armseligen, hemdartigen Gewandung, aus der die Arme und Beine nackt herausschauen, dargestellt; um die Schultern hängt eine Reisetasche in den Händen hält er den Reisestock vor sich auf den Boden gestützt. Rechts von dieser Gruppe stehen zwei Männer, welche den Vorgang beobachten (Sich waz unſer herre tuot) und das böse Beispiel auf sich einwirken lassen (wir muozen dazſelbe tuon).

Am genauesten mit A übereinstimmend G und D. Mit Ausnahme von E, wo der Arme als ein wohlausstaffirter Wandersmann erscheint, ist derselbe durchweg in der oben beschriebenen Weise dürftig bekleidet, in S sogar ganz nackt dargestellt. a hat die in allen übrigen Mss. beibehaltene Anordnung der Figuren dahin geändert, dass der Kämmerer rechts vor den Stuhl des Herrn gestellt ist, so dass er nicht hinter demselben herumzulangen braucht; b zeigt den Vorgang ganz unverständlich wiedergegeben.

24) Fol. 28ᵇ. Zuoberst ein Leuchter mit einer Kerze darin, deren oberes Ende gebrochen herabhängt; weiter unten am Rande zwei nach oben blickende Männer — Die merchent daz —, von denen der Eine hinaufweist (Daz liht iſt erloſchen), während der Andere überlegend daneben steht (Ez waere herabe baz).

Die Erklärung dieser an sich dunkeln Darstellung liefern die Verse 1795 bis 1800, worin das leuchtende Vorbild, das der Herr geben soll, mit einem brennenden Lichte verglichen wird, das auf einem hohen Leuchter Allen sichtbar aufgesteckt sei. Statt eines erloschenen Lichtes ist der Deutlichkeit halber ein abgebrochenes Licht dargestellt, ein Behelf, welcher in allen Mss. (nur in E fehlt das betreffende Blatt) getreulich dem Originale nachgeahmt worden ist.

25) Fol. 29ᵃ. Die zu diesem Bilde gehörige Textstelle (V. 1811 ff.) stellt die Thätigkeit des Ackerbauers, der sein Feld durch Entfernung der Steine zur Aufnahme der Frucht vorbereitet, mit der Forderung in Parallele, dass der Mensch sich zunächst durch Besiegung der unſtaete (inconstantia) als Grundlage aller Untugenden den Weg zur Tugend erschliessen müsse. Der Illustrator kann natürlich nur die concrete Seite dieses anziehenden Bildes zur Darstellung bringen und zeigt einen Ackersmann, welcher vornübergebeugt mit der Hacke in der Linken sein Feld rodet und mit der Rechten die Steine auflicst. Die Beischrift: meiſter zobbin ist unverständlich, kehrt aber mit Weglassung des ersten Wortes in S und, wenigstens ähnlich lautend, als: zow din wol auch in G wieder. Die übrigen Handschriften — E fällt wiederum aus — haben statt dessen die verständlichere Bezeichnung: buwman, buman, pawman oder bawman eingeführt. Der Zeichner von D hat diese Illustration übersprungen.

26) Fol. 29ᵇ. Die Unſtaete mit ihren Haupt-Untugenden (V. 1842 ff.). Zuäusserst links erscheint die Boshrit dürftig und schlecht gekleidet (Da her chumt unſtaetecheit) und schreitet auf eine rechts vor ihr in der Schwebe (s. o.) hockende, ganz

unbekleidete weibliche Figur los, welche in den andern Mss. als untugent bezeichnet ist. Dieselbe hat eine Art Zipfelmütze mit langem, spitzem Ende auf dem Kopfe, einen Spruchzettel (Ich bin sin vro und gemeit) in der Rechten und weist mit der Linken auf die vorerwähnte Figur *). Von der andern Seite her naht eine dritte Erscheinung, in S, G, D, a und b als unstaete bezeichnet, gleichfalls einen Schriftzettel in der einen Hand haltend (Di sint ir ze dinen bereit) und mit der andern nach rückwärts zeigend, wo als äusserster Abschluss rechts die unsaelde dargestellt ist (Ich trage die unsaelde), das leit huckepack auf dem Rücken tragend. Der Charakter dieser Figuren ist auch diesmal, besonders in den Gesichtern, durch möglichste Hässlichkeit zum Ausdruck zu bringen gesucht.

Da alle Mss. diese Darstellung genau übereinstimmend wiedergeben, so ist kein Zweifel, dass dem Zeichner von O die Hauptschuld an der Unverständlichkeit des Bildes zuzuschreiben ist. Dem Sinne des Textes nach müsste zunächst die unstaete als Hauptfigur erscheinen; ausserdem lässt der Text der Schriftzettel keinen innern Zusammenhang erkennen und verdunkelt eher den Vorgang, statt ihn zu erklären, besonders wenn noch dazu Irrthümer unterlaufen, wie in A, wo auf dem letzten Schriftzettel unsaelde für leit steht. In S, G, U, D und a ist auch letztere Figur mit einem Spruchzettel (Ich rite die unselicheit [G]) versehen, wodurch wenig verbessert wird. Die Bosheit war in O offenbar mit einer Keule auf der Schulter dargestellt; wenigstens findet sich dieselbe übereinstimmend in G, U, D, b und W; die Handbewegung der betreffenden Figur in unserer Handschrift A deutet gleichfalls darauf hin, und der Zeichner scheint die Keule hier lediglich vergessen zu haben. Der Copist von b hat aus Mangel an Platz die rechtsseitige Gruppe unten gesondert auf dem Blatte zur Darstellung gebracht. In E ist das betreffende Blatt herausgerissen.

27) Fol. 29 b. Dicht unter dem vorbeschriebenen Bilde sehen wir als Illustration zu der in den Versen 1850—1874 besungenen Launenhaftigkeit der unstaete eine an einem Baume frei hangende Figur, welche mit dem linken Arm einen Ast umklammert hält. Die Unschlüssigkeit bezüglich des Herab- oder Heraufsteigens gelangt nur in den beiden Schriftzetteln: (La dich nidere) und (Habe dich vaster) zur Andeutung.

Am engsten verwandt mit A sind auch hier wieder die Handschriften S, G und D, während U, a, b und W eine unten am Baume stehende Figur zeigen, welche die beiden verschiedenen Rathschläge giebt. H hat ausnahmsweise eine völlig abweichende, selbständige Darstellung, welche zwischen Vers 1866 und 1867, aber ohne erkennbaren Bezug auf eine vorhergehende oder nachfolgende Textstelle eingefügt ist. Wir sehen einen Mann, der in der Rechten einen Eichenzweig und in der Linken ein Spruchband (Waz ich wunderlerchen ding siech) hält. E wie oben.

28) Fol. 30 a. Zwischen diesem und dem folgenden Bilde ist in allen Mss. mit

---

*) Dieselbe Darstellung der Untugend unten auf Bild 80.

Ausnahme von H. mit rein äusserlichem Bezug auf V. 1875 ein welf dargestellt, der den Kopf nach einer ihm an den Schwanz gebundenen Schelle umbiegt.

29) Fol. 31ᵇ. In engem Anschluss an V. 1969—1971 erblicken wir die un-ſtaeticheit als grosse stehende weibliche Gestalt „in vier geteilt", d. h. mit vier in bestimmten Abständen querüber geschriebenen Worten versehen. Dieselben lauten, von oben nach unten gelesen: lieb, leit, Ja und Niht.

Die Mss. S, G, E und D haben diese Worte in umgekehrter Anordnung, so dass ia zuoberst steht; a hat nur leit und liep, U, b und W enthalten keines der Worte. In D erscheint die Figur ausserdem noch mit einem Spruchzettel: (der unſtate bin ich komen in ſmerhen).

30) Fol. 32ᵃ. Zwei Männer, von denen der eine vorwurfsvoll (wie haſt du mich beſchorn) auf sein ungleich lang geschorenes Kopfhaar (vergl. V. 2021 u. 2022) zeigt, während der ungeschickte Haarschneider mit der Scheere in der Hand und ängstlich zurückblickend sich davon zu schleichen sucht. Der in den meisten Mss. ebenso undeutlich wie in A gezeichnete Gegenstand in der erhobenen Rechten des Geschorenen soll jedenfalls einen Spiegel darstellen. Man sieht, dass sich die Copisten gar keine Gedanken über die Bedeutung dieses Gegenstandes gemacht, sondern denselben ebenso unverstanden wieder abgemalt haben, wie er ihnen vom Vorbilde überliefert wurde.

31) Fol. 32ᵃ. Unſtete als alte Frau mit Kopftuch auf einem verzierten Sitze thronend, hält ihre beiden Kinder (s. V. 2031 f.) luge und zorn, zwei kleine Gestalten, erstere mit Judenhelm auf dem Kopfe, letztere mit einem Schwert in der Hand, vor sich auf den Knieen. Die Kleinen sind in Streit gerathen, denn die luge, vom Schwerte des zorn bedroht, jammert: (Siehſt du waz mir zorn tut) und erhält von der unſtete die Antwort: (Jz iſt dir gut).

Dieser Gegenstand, in allen Mss. in derselben Weise wiederkehrend, fehlt nur in H. Die enge Verwandtschaft zwischen A und G beweist abermals der nur in diesen beiden Handschriften vorkommende Judenhelm, welcher in E durch ein Barett, und in D durch eine Kappe ersetzt ist.

32) Fol. 32ᵇ. In freiem Anschluss an den Text sehen wir die luge einem rechts vor ihr stehenden Manne (Jch nim iz gern) als Zeichen der in V. 2044 ff. beschriebenen Doppelzüngigkeit in der Linken eine Blume (Nim diz blumel), in der Rechten eine Schlange hinhalten. Links hinter ihr steht die untriuwe und mahnt sie zur Vorsicht: (Tu iz under daz erz iht ſehe).

In derselben Weise in allen Mss. wiedergegeben, nur dass in W die Blume in der Hand der Lüge fehlt. In H erscheint dieselbe als eine auffällig gross gezeichnete und vergoldete Lilie. In E, a und U kehrt diese Lilie wieder, ohne dass daraus auf eine direkte Abhängigkeit von G zu schliessen ist; zeigt sich doch auch schon bei der Blume in A der Anfang zur charakteristischen Dreitheilung der Lilie gemacht.

33) Fol. 33ª. Die 𝔷𝔲𝔥𝔱, thronend nach links gewendet, giebt einer gegenüber stehenden Figur den Auftrag, den ungleich sitzenden Rock einer dritten, zuoberst im Bilde gezeichneten Person zurecht zu ziehen: (𝔷𝔢𝔲𝔥 𝔡𝔞𝔷 𝔤𝔢𝔩𝔦𝔠𝔥𝔢). Dieselbe, dem Auftrage gehorchend (𝔍𝔠𝔥 𝔱𝔲𝔫 𝔦𝔷 𝔤𝔢𝔯𝔫 𝔳𝔯𝔬𝔴𝔢), erfasst den Rock der oberen Figur am hinteren Ende, während letztere sich dagegen sträubt: (𝔩𝔞 𝔪𝔦𝔠𝔥 𝔤𝔢𝔫).

Das Verständniss des Vorganges leidet abermals an der Ungefügigkeit des Stoffes. Der Text (V. 2065 ff.) stellt als Hauptgrundsatz auf, dass bei dem tugendhaften frommen Herrn der Rock nicht vorn lang und hinten kurz, sowie das Hemd nicht länger als der Rock sein dürfe, d. h. dass Wort und That in Einklang stehen und die Gabe nicht hinter dem Versprechen zurückbleiben solle. Der Zeichner hilft sich in der oben beschriebenen Weise durch Einfügung eines bestimmten Vorganges rein äusserlich über die Schwierigkeiten hinweg, ist ausserdem, wie so oft, für das Verständniss völlig auf die Erklärung durch Beischriften angewiesen. Es ist ersichtlich, wie sehr die letzteren als bequemer Nothbehelf der Phantasie und Erfindungsgabe des mittelalterlichen Künstlers verderblich werden mussten, anderseits aber war nur mit ihrer Hilfe die Anfertigung von Bildern möglich, welche ihrem Inhalte nach für die künstlerische Wiedergabe ungeeignet erschienen, im Zusammenhange des Illustrations-Cyklus aber doch nicht gut entbehrt werden konnten.

Die Anordnung von A findet sich mit geringen Abweichungen in allen übrigen Mss. wieder. Der Copist von E hat im Bestreben nach grösserer Deutlichkeit den Sinn nur noch mehr verschleiert, indem er den Gehilfen der 𝔷𝔲𝔠𝔥𝔱 als 𝔇𝔢𝔯 𝔰𝔫𝔦𝔡𝔢𝔯 bezeichnet und ihm einen Spruchzettel (𝔇𝔢𝔯 𝔩𝔲𝔤𝔢𝔫𝔢𝔯 𝔞𝔯𝔱 𝔰𝔠𝔥𝔬𝔫𝔢 𝔯𝔢𝔡𝔢), der auf den Vorgang gar keinen Bezug hat, in die Hand giebt.

34) Fol. 33ª. Als Fortsetzung der vorbeschriebenen Scene sehen wir dicht darunter abermals den Herren in einem vorn lang, hinten kurz herabhängenden Rocke; derselbe sieht sich vergeblich (𝔍𝔠𝔥 𝔴𝔞𝔯𝔱 𝔰𝔦𝔫 𝔫𝔦𝔥𝔱 𝔦𝔫𝔫𝔢) nach hinten um, während eine tiefer stehende Figur ihn auf die Ungleichheit aufmerksam macht: (𝔖𝔦𝔥 𝔴𝔦𝔢 𝔡𝔞𝔷 𝔥𝔦𝔫𝔡𝔢𝔫 𝔰𝔱𝔢𝔱).

Die Verschiedenheit in der Stellung der beiden Figuren geht offenbar auf O zurück, da auch in S, G, U, a und W der Herr ohne jede Ursache wesentlich höher stehend gezeichnet ist, als der Diener. Wir schliessen hieraus, dass die betreffende Zeichnung in O sich, wie in A, am Rande des Blattes befand, wo in Folge des Mangels an Platz diese Uebereinander-Anordnung sich ganz natürlich ergab. Ohne sich hiervon Rechenschaft zu geben, haben die Copisten dies dann auch bei den Columnenbildern nachgeahmt. Wie sinnlos ausserdem in H und E verfahren ist, beweist der Umstand, dass der

Herr sich nicht einmal nach hinten umsieht. In D ist einfach eine Dame gezeichnet, die ihre Schleppe betrachtet.

35) Fol. 33b. Als rein äusserliche Wiedergabe der Verse 2123 und 2124: swaȝ ein herre spricht iâ ode niht daȝ sol gar sîn schephen schrift, sehen wir, wie Ein herre mit gekreuzten Füssen (s. unten No. 103) auf einem Polstersitz thronend sich nach rechts zu einem tiefer hockenden Schreiber wendet und diesem den Auftrag giebt: (Schreib min iâ und min niht). Statt dessen notirt Der Schephe auf ein vorgehaltenes Blatt die Jahreszahl: Anno domini MCCXVI.

Auf die Wichtigkeit dieses Bildes für die Datirung der Handschriften des Wälschen Gastes ist oben bereits hingewiesen und wird unten im III. Theile im Zusammenhange zurückzukommen sein.

36) Fol. 35b. Im Anschluss an die Verse 2215 ff., in denen von der Stätigkeit des Weltsystems und dessen Bewegung die Rede ist, hat der Künstler eine bunte Scheibe mit 10 concentrischen, verschieden gefärbten Ringen dargestellt, in denen je ein rother Stern eingezeichnet ist. Der äusserste Rand ist mit einer grösseren Anzahl Sterne versehen, die mittelste Scheibe trägt die Bezeichnung ERDE.

Diese Darstellung findet sich in derselben verständnisslosen Weise in den übrigen Mss. wieder, in S, G, U. D, a und W mit eingeschriebenen Planeten-Namen, in H und b ohne jede Bezeichnung. E zeigt eine rein geometrische, roth und weiss bemalte Spielerei in der Art einer Windrose mit 8 Spitzen, in deren Zwischenräumen menschliche Köpfe (Windköpfe) angedeutet sind.

37) Fol. 36b. Der fünfte Abschnitt des 2. Buches (V. 2277 ff.) enthält einen kurzen Abriss der Aristotelischen Elementenlehre mit Hinweis auf die staetekeit der Weltordnung. In unserem Bilde ist in losem Zusammenhange damit ein lineares Schema der Elemente und Qualitäten zur Darstellung gebracht. Links sehen wir vier Kreise senkrecht, mit gewissem Abstande unter einander gezeichnet und mit den Namen der 4 Elemente: 1) bewer, 2) luft, 3) waȝer, 4) erde versehen. Kreisbogen verbinden 1 mit 2, 2 mit 3 und 3 mit 4, um die Gemeinsamkeit je einer der betreffenden Grundeigenschaften dieser Elemente anzudeuten. Auf der anderen Seite rechts sollte man nun die gewöhnlichen 4 qualitates primae, aus denen sich die Elemente zusammensetzen, erwarten; statt dessen sind in derselben Weise 6 Kreise unter einander angeordnet mit folgenden Bezeichnungen: 1) wehse (scharf), 2) ring (leicht), 3) gerurich (beweglich), 4) pulwehs (stumpf)*), 5) swere (schwer), 6) ungerurich (unbeweglich); auch diese qualitates secundae sind durch Bogen, welche alle die Bezeichnung widerwertich tragen, wechselweise, und zwar 1 mit 4,

---

*) Nach Schmeller, Bayer. Wörterbuch 2. Aufl. (ed. Frommann) II. Sp. 840 ist bülwächs (Nebenformen bulwas, pulwächs) = weich, der Gegensatz zu wächs = scharf.

2 mit 5 und 3 mit 6 verbunden, also jedesmal die Gegensätze mit einander in Beziehung gebracht. Ausserdem sind noch zahlreiche schräge und gerade Verbindungslinien ohne erkennbares Princip zwischen den beiden Kreisgruppen angeordnet. Schliesslich hat der Zeichner die sich auf diese Weise durch die Durchdringung dieser Linien bildenden dreieckigen Räume willkürlich grün, roth und blau colorirt und damit die ohnehin unklare Zeichnung ganz verwirrt gemacht.

Diese sonderbare Illustration findet sich in S, G, E, U, a und W genau in derselben Weise wieder, nur dass in S und G noch folgende Zahlenwerthe beigeschrieben sind: bei Feuer: 27 ter tria ter, bei Luft 18 ter tria bis, bei Wasser: 12 bis duo ter, bei Erde: 8 bis duo bis. In U finden sich dieselben Zahlen, aber auf der rechten Seite bei den Eigenschaften hinzugefügt. Der Copist von D, sonst, wie wir bereits mehrfach constatirt haben, ein verständiger Mann, hat diesmal ganz unverständlich gearbeitet und nicht einmal die Namen der Eigenschaften der Elemente abzuschreiben für nöthig erachtet. In H sind lediglich die Linienzüge flüchtig aufgemalt, ohne alle Bezeichnungen; in b fehlt diese Illustration ganz.

Woher der Zeichner von O dies Schema genommen, ob es seiner Phantasie entsprungen oder ob dasselbe aus einer älteren Vorlage copirt worden, ist dem Verfasser unbekannt, ebenso wie die Herkunft der sonderbaren Zusammensetzung der qualitates secundae. Letztere erscheint um so auffälliger, als der Text die 4 qualitates primae und ihr Verhältniss zu den 4 Elementen klar angiebt, während die sechs secundären Eigenschaften darin mit keiner Silbe erwähnt werden.

38) Fol. 42ᵃ. In freiem Anschluss an die Verse 2645 und 2646, in welchen als Beispiel der Unbeständigkeit der Menschen angeführt wird, dass der Ritter, wenn er vom Speere des Gegners aus dem Sattel geworfen wird, den Kaufmann um sein gefahrloses Leben beneide, sehen wir zwei Ritter in voller Rüstung auf einander lossprengen. Die Lanze des rechtsseitigen Streiters erscheint zersplittert, und vom Stoss des Gegners mitten vor dem Leibe getroffen, steht dieser im Begriff, hintenüber zu Boden zu stürzen.

Dieselbe Kampfscene kehrt in allen Mss. mit Ausnahme von S wieder und giebt den Zeichnern Gelegenheit, ihre meist sehr mangelhafte Kenntniss des Turnierwesens zu zeigen. Die Zeichner von A und E haben ihre Aufgabe weitaus am besten gelöst. In A erscheinen die Kämpfer noch in Schuppenpanzer und eigenthümlich nach vorn geschwungenem Topfhelm, in E in voller Plattenrüstung mit Waffenrock darüber und in Stechhelmen mit wallendem Federschmuck. Bezüglich der Wiedergabe der Pferdeformen gebührt dem Zeichner von A die Palme, während das gewaltsame Draufflosstürmen auch in E wirkungsvoll zur Erscheinung gebracht ist. In beiden Mss. sehen wir den unter der Wucht des Anpralles Unterliegenden mit der linken Hand nach hinten langen, um auf dem Hintertheile des Pferdes einen Stützpunkt zu gewinnen, ein dem Leben abgelauschter Zug.

welcher etwas ungeschickter auch in G zur Darstellung gebracht ist. Hier leidet freilich der Eindruck unter der unbeholfenen Zeichnung und schlechten Proportionirung der Pferde und stört die unsinnige Darstellung der Rennspeere in Gestalt von dünnen schwarzen Linien, wie wir solche gelegentlich auch in A verwendet finden*).

D allein hat im Anschluss an die vorhergehenden Verse die Darstellung auch auf andere unzufriedene resp. wankelmüthige Berufsarten ausgedehnt und zeigt unmittelbar unterhalb der streitenden Ritter links einen Knecht Holz spaltend, während der Bauer daneben stehend zusieht, ferner in der Mitte einen Kaufmann mit vollem Beutel, sowie rechts einen Schmied vor der Esse hantirend. Wir haben hier eines der in den Mss. des wälschen Gastes so seltenen Beispiele vor uns, dass ein Copist aus eignem Antriebe den Bilderkreis erweitert hat, wo ihm das Vorbild zur Illustration der betreffenden Textstelle nicht zugänglich erschien.

39) Fol. 42ᵃ. Nach Vers 2661 ff.: Wolt der hunt ziehen den wagen | und der ohſe de haſen jagen : . . . ., in denen die Unstetigkeit auf das Thierreich hypothetisch übertragen erscheint, sehen wir einen kleinen vierräderigen Karren, vor welchen ein Hund gespannt ist, und darunter einen Ochsen, der hinter einem Hasen einherrennt.

In allen Mss. wiederholt und zwar in derselben Anordnung, dass der zweite Vorgang unterhalb des ersten dargestellt ist. In E erscheint statt des Ochsen ein Schafbock. — In D ist, freilich erst nachträglich und von anderer Hand, abermals eine Ergänzung vorgenommen und in sehr drolliger Weise eine Barbierstube dargestellt, in welcher ein Affe sich blutüberströmt selbst rasirt zum Entsetzen des zuschauenden Barbiers, der gerade einen seiner Kunden unter dem Messer hat.

40) Fol. 43ᵃ. Im dritten Abschnitt, der auf der vorhergehenden Seite mit Vers 2677 beginnt, ist vom wahren Reichthum die Rede, wie derselbe in der Genügsamkeit bestehe, und wie der arme Mann auch bei Wenigem reich sein könne. Der in unserm Bilde dargestellte Vorgang steht hiermit nur in losem Zusammenhange. Rechts die Erge auf einer Geldkiste thronend und beide Hände mit der Frage: (wil du min man werden) einem ihr gegenüber stehenden Manne — der arge man — hinstreckend. Dieser ergreift sie (Daʒ ret mir geirſcheit) auf Zureden der hinter ihm stehenden Girde (Erge geit dir genuch), welche ihm die Rechte auf die Schulter legt. Zuäusserst links die vorht (wir haben nihtes niht).

In der äusseren Anordnung in allen übrigen Handschriften ebenso; dass in einigen die Bedeutung der Geldkiste als Sitz übersehen ist, darf nicht Wunder nehmen. In den Spruchzetteln finden sich mancherlei Abweichungen, wie gewöhnlich, wenn der

---

*) Ebenso z. B. im Heidelberger Rolandsliede Cod. Pal. Germ. 112. saec. XII.

Vorgang in O nicht recht deutlich dargestellt war. So haben z. B. S. G und a: **gemach**
statt: **genuch**.

41) Fol. 44ᵇ. Freie Illustration zu den Versen 2815 und 2816: **jwem ſin rich-
tuom louſet vor, | der volget im nách alſ ein tôr.** Erge erscheint wie auf dem vorigen
Bilde auf einer Geldkiste, aber auf der anderen Seite, d. h. links thronend und in derselben Weise einem sich von rechts her nahenden Manne, **Riḫtum**, die Hand reichend. Sie
fordert denselben auf, eine dritte Figur heranzuschleifen (**zuch mirn her**), welche vom Reichthum (**volge mir**) an einem um den Hals gelegten Strick herbeigeführt wird und als **Der
reich** bezeichnet ist. Letzterer folgt willenlos (**Ich muz iz tun**) und wird von der Girde
ausserdem mittelst eines langen Steckens zur Eile angetrieben (**Je drat du ſaumſt dich**).
In allen Mss. genau in derselben Weise wiederkehrend. In den Papier-Handschriften fehlt der Stecken in der Hand der Unmässigkeit. D hat den Zusatz: **nu volg
mir ſy hat dich lieb. Ich muz iz tun** findet sich mehrfach in: **Ich wil es tuon** oder in:
Ich tuen gern ungeändert; auch sonst mehrfach Abweichungen in den Schriftzetteln.

42) Fol. 46ᵇ. Fünf Männer, die von links nach rechts in verschiedenen Abständen hinter einander stehend gezeichnet sind. Oberhalb der vordersten mit vorgestreckten Armen dastehenden Figur, welche in G allein als **der wiſe** bezeichnet ist, (**Ich
muz umb gut werfen**) lesen wir: **Der reich iſt under den**, eine Bezeichnung, die sich ausser
in D in keinem der übrigen Mss. wiederfindet. Die beiden darauf folgenden und auf den
Vordermann hinweisenden Figuren tragen folgende Spruchzettel: (**Hiet ich als vil als der**) und
(**Mach der ſehen hinder ſich**), während die dahinter Stehenden, deren Gesten unverständlich
erscheinen, in ähnlicher Weise sich unterhalten (**So ſeh er daz wir minder habn**) und (**Daz
han er niht verſten**). Der Sinn der Darstellung ist, da die Spruchzettel zu wenig bezeichnend
gewählt worden sind, nur im Anschluss an den zweiten Theil des IV. Abschnittes zu ver-
stehen, worin die richtige Maxime gepredigt wird, dass der weise Mann nicht den einen
Reichern vor sich, sondern die vielen Aermern hinter sich betrachten solle.

Die Copisten haben sich, wie gewöhnlich, darauf beschränkt, Aenderungen im
Texte der Schriftzettel vorzunehmen; so haben z. B. E. H, U. a. b und W übereinstimmend auf dem Schriftzettel der vorletzten Figur: (**Er ſiht uns nit an [a]**). In S erscheint
der Text nachträglich ausgelöscht. Warum der Zeichner von D die beiden vordersten
Figuren dicht neben einander gerückt und übereinstimmend in langen Röcken mit über-
geworfenen schwarzen Mänteln dargestellt hat, während die drei übrigen Personen als
flotte Stutzer in kurzer und enger Modetracht erscheinen, ist nicht recht einzusehen. Die
oben erwähnte Beischrift bezieht sich hier offenbar auf die beiden ersten Figuren, während
dieselbe in A nur über der, wie in allen übrigen Mss., gesondert stehenden ersten Figur
angebracht ist.

5*

43) Fol. 48ᵃ. Der reiche Mann und seine Neider (s. V. 3029 ff.). Wir erblicken zwei Gruppen: links den Schmeichler — Der lofer — in Unterhaltung mit dem vernünftigen Reichen — Der riche mit gedanchen —, rechts Die neidere, zwei sich lebhaft unterredende Figuren. Auf die Anrede des Schmeichlers (Man nidet frum leut) wendet der sitzend schwebende (s. o.) Reiche den Kopf herum, während er mit der Rechten auf die Neider (Wie mich di nident) hinweist. Letztere drücken ihren Verdruss und Neid auf den Spruchzetteln: (Jch enchund nie niht gewinnen) und (Wie reich der ift worden) aus. Mit ganz unwesentlichen Abweichungen in allen 9 Handschriften wiederkehrend.

44) Fol. 48ᵇ. Als Illustration zu den Versen 3061 bis 3065, worin der Unterschied zwischen dem unvernünftigen Reichen und dem Armen dahin betont wird, dass Ersterer ausser der girefcheit, welche Beiden gemein sei, auch noch die vorhte besitze, zeigt der Zeichner Beide einander gegenüber gestellt und zwar rechts den Armen — der arm — in zerrissenem Gewande die Girde (Wirf umb gut) auf dem Arme tragend und sich mit dem Vorwurfe: (Wi lang fol ich arm fein) zum Reichen wendend, links den Letzteren — Der riche — mit der sich heftig sträubenden Girde (Du haft niht gewinne mer) und der vorhte (Man ret vaft auf din gut) auf den Armen.

Trotz der allgemeinen Uebereinstimmung mit den übrigen Mss. steht A ausnahmsweise in zwei Punkten fast allein da. Zunächst erscheint in keinem der andern Bilder die Unersättlichkeit auf dem Arme des Bedürftigen, sondern nur im Gefolge desselben d. h. neben ihm stehend; sodann findet sich überall noch eine reflektirende Person [vorcht ift bi richtuom (G)] zuäusserst links im Bilde, welche ausser in A nur noch in D fehlt. Der Zeichner von A scheint sich hier dem Originale gegenüber Freiheiten erlaubt zu haben, die unseres Erachtens der Darstellung nur zum Vortheil gereichen. Die reflektirende Figur ist durchaus überflüssig, und wenn der Reiche mit der doppelten Last auf den Armen erscheint, so muss folgerecht auch der Arme seine Last in dieser Weise tragen. In E fehlt das betreffende Blatt.

45) Fol. 48ᵇ. Unterhalb des vorigen Bildes folgt eine Darstellung, wie das thörichte Volk den Herrn beneidet, ohne dessen Sorgen zu kennen (V. 3077 ff.). Zuäusserst links sehen wir den reichen Mann [Der riche man (G)] von zwei kleiner gezeichneten Figuren in der Weise getragen (V. 3079), dass er mit den Armen auf deren Schultern zu ruhen scheint; rechts davon steht das zuschauende Volk mit einem Rädelsführer gesondert davor, welcher auf den Reichen hinweisend den Kopf nach hinten wendet: (Seht wie man in treit). Daz volch besteht aus einem Haufen von 7 Figuren, von denen die zwei vordersten folgende Schriftzettel tragen: (Da hat er swaz er wil) und (Hei wer ich auch ein herre).

Die Ueberlegenheit des Zeichners von A zeigt sich auch hier wieder schlagend. In keinem der übrigen Bilder, welche die äussere Anordnung beibehalten haben, erscheint der reiche Mann wirklich getragen; unser Bild ist das einzige, auf welchem die Füsse desselben den Boden nicht berühren, auf allen übrigen macht es vielmehr den Eindruck, als ob die grössere Figur die kleineren zu sich emporhöbe. Der Zeichner von D hat, um jede Missdeutung zu vermeiden, vernünftigerweise eine Abänderung dahin vorgenommen, dass er den Herren auf einem Tragsessel, von zwei Männern getragen, darstellt. E wie oben.

46) Fol. 49ᵇ. Abermals zwei Bilder über einander; zuoberst: Der Herr und das Volk, welches theils sein Thun thörichterweise richtet, theils sein gerechtes Urtheil zu bestimmen trachtet (V. 3111 ff.). Der herre erscheint zuäusserst links thronend und sich an die ihm gegenüber Stehenden — Di laut richtere — wendend (Jch vrage dich jin), welche in drei Gruppen zu je Zwei getheilt mit der einen Hand lebhaft gestikuliren, in der andern folgende Schriftbänder halten: (Er fol han finen gewer), (Gedench daʒ du min nef bift), (Jch erteil im anders), (Du wer ic min vreunt), (Jch gib ein dritte urteil), (Jch gib dir ʒehen march).

D zeigt die sechs Personen halbkreisförmig dem Herrn gegenübersitzend, im Gegensatz zu a, wo sie lebhaft auf denselben einstürmen; die übrigen Mss. haben die Anordnung ganz ähnlich wie in A, abgesehen davon, dass wegen Raummangel die Zahl der Leute in a auf 5, in b auf 3 verkürzt ist. Die Spruchzettel differiren mannigfach. E wie oben.

47) Fol. 49ᵇ. Dicht darunter das thörichte Volk im schlecht regierten Nachen dahertreibend (V. 3143—3149). Auf leicht gekräuselten Wellen, in denen ein Fisch sichtbar ist, sehen wir ein hochbordiges, grünes Fahrzeug mit 5 Menschen darin. Am Steuer sitzt ein Alter mit fliegendem Bart, ihm gegenüber ein Junger in Todesangst befindlich (Er verzeit wir fin tot), während ein im Vordertheil des Fahrzeuges befindlicher Mann das Tau ergreift, welches zum Aufrichten des heruntergeklappten Mastes dienen soll, aber vom oberen Ende desselben abgerissen scheint. Das Segel ist zusammengerollt und spiralförmig um den wagerecht schwebenden Mastbaum herumgelegt. Links in der Ferne ein Gebäude mit Zinnenmauer davor angedeutet.

Am engsten mit unserem Bilde übereinstimmend erscheinen die betreffenden Abbildungen in S und G, wo nicht nur der umgekippte Mast mit dem Segel darum, sondern auch das Gebäude in der Ferne wiederkehrt. In D und b fehlt sonderbarerweise jede Andeutung, dass das Schiff schlecht regiert wird, während in H, U, a und W der Mast gebrochen und im Begriff, in's Wasser zu fallen, dargestellt ist. Auffällig ist die Uebereinstimmung von G und U; dieselben enthalten links oben einen geflügelten Kopf, welcher in hergebrachter Weise den Wind, der den Mast gebrochen hat, andeutet (in U offenbar nur aus Platzmangel weggelassen), während dasselbe Motiv in drastischerer Weise in H durch einen Blasebalg ersetzt ist. Ausser dem Fisch sehen wir in G noch ein sirenenhaftes Wesen, halb Mensch, halb Fisch, im Wasser schwimmen. E wie oben.

48) Fol. 50ᵃ. Ohne direkten Anschluss an den Text, frei an Vers 315 ff. anknüpfend, zeigt uns das folgende Bild in zwei getrennten Gruppen: links den Sꝛ̆n thronend und sich nach links zu der neben ihm stehenden ERE wendend, rechts die unere mit dem unerhaft, beide reich gekleidet, in enger Umschlingung dastehend. Während letztere sich mit zärtlichen Worten anreden (umbevah mich lieblich) (Du bift mir hart juȝe) weist die Ehre auf das ehrlose Paar hin (Sihefn waȝ der tut), und die Vernunft constatirt: (Er ift bechumbert mit unere).

In allen Mss. ganz ähnlich wiederkehrend, nur dass der Sinn stets (mit Ausnahme von D, das hierin wieder einmal allein mit A übereinstimmt) stehend dargestellt ist. E wie oben.

49) Fol. 51ᵃ. Als Illustration zu den Versen 3243 ff., in welchen erzählt wird, wie der thörichte Mann, der in Gedanken sich schon im Besitz der Herrschaft wähnt, sich durch seine Kämmerer das Volk abwehren lässt, sehen wir denselben rechts würdevoll auf einem mit Polster belegten Sitze thronend und neben ihm den Schwertträger, der im Begriff scheint, das Schwert aus der Scheide zu ziehen, um den auf der andern Seite des Thrones mit einem gewaltigen rothen Knüppel auf einen Volkshaufen losschlagenden Kämmerer zu Hilfe zu kommen. Der Herr schielt besorgt zur Seite, ob es dem Kämmerer auch gelingt, das lebhaft gesticulirende gedranc abzuwehren (V. 3245). Der an sich leicht verständliche Vorgang ist in A und D ganz ohne Beischriften und Schriftzettel dargestellt, in den übrigen Handschriften finden sich folgende Beischriften: der herre mit gedanchen, der chammerer, daȝ volch (G), und in G allein auch ein Schriftzettel: (uf hoer von mine herr).

Die Illustration in A ist weitaus die beste; nirgends wieder ist der Vorgang so lebendig aufgefasst und im Einzelnen so gut wiedergegeben. Das dankbare Motiv, den Schwertträger an der Handlung Theil nehmen zu lassen, ist durchweg unbeachtet gelassen; höchstens dass in G die abwehrende Handbewegung des Herrn sich in der Weise deuten liesse, als ob er den Schwertträger vom Eingreifen abhalten wolle.

50) Fol. 51ᵇ (s. Taf. VIII). Im Anschluss an Vers 3259 und 3260 ist eine Bärenjagd dargestellt, als angenehme Unterbrechung in dem ewigen Einerlei der allegorischen Darstellungen, und zwar in dem Moment, wie der von links nach rechts anstürmende Bär in den vorgehaltenen Jagdspeer eines sich nach Waidmannsart regelrecht auf das Knie niederbengenden Jägers an der Schulter einrennt. Ein zweiter Jägersmann lehnt sich über den Knieenden herüber und bohrt den Speer in die Stirn des Unthiers, während zuäusserst rechts ein Dritter mit zwei Hunden hinter sich herbeieilt (Sul wir ev helfen) und in's Jagdhorn stösst.

H hat diese Scene ausgelassen; in den übrigen Handschriften kehrt dieselbe mit einigen Abweichungen und mehr oder minder lebendig aufgefasst wieder. Dem Zeichner von A gebührt zweifellos auch hier der Preis, besonders auch vor den Copisten von G und E, die offenbar nie einen Bär zu Gesicht bekommen haben. Der dritte Jäger mit den Hunden, dessen Hermanalien die Scene so glücklich belebt, findet sich nur in A.

51) Fol. 52ᵇ. Der Mächtige sucht durch falsche Versprechungen die Kleinen zu bethören und sich zu unterwerfen (V. 3315 ff.). Die Mitte des Bildes nimmt Der herre auf dem Richterstuhle sitzend ein. Links vor ihm der Kläger, Der chleit, welcher jammernd die Hände erhebt (Herre so hant si mir getan). Die Zweideutigkeit des Herren wird durch zwei Spruchzettel charakterisirt, von denen der eine einen tröstenden Zuspruch für den Kläger enthält (Ich wider schaffe iz wol), während der andere sich mit der Aufforderung: (Ir sult im wirs tun) an vier Männer — Sine leute — wendet, welche auf der andern Seite stehen und den Vorgang mit lebhaften Gesten begleiten. Der Spruchzettel des Vordersten: (So dient er ungern) giebt keinen Sinn und ist wohl nach Analogie der übrigen Handschriften, welche die Anordnung von A unverändert enthalten, in So dient er in gerner (G) zu verändern.

52) Fol. 53ᵇ (s. Tafeln I, II und III). Im Anschluss an die Verse 3377 bis 3387, worin als erstes Beispiel von der Vergänglichkeit der irdischen Macht die Geschichte des Julius (Caesar) erzählt wird, sehen wir die Scene von dessen Ermordung dargestellt. Caesar erscheint vornübergebeugt, fast wagerecht und so hoch in der Luft schwebend, dass sich Brutus und Cassius, welche, einander gegenüber stehend, mit äusserster Gemüthsruhe ihre Dolche in des Tyrannen Rücken bohren, gar nicht zu bücken brauchen. Um die Naivetät der Darstellung noch zu erhöhen, hebt Cassius, vor solchem Schicksal warnend, den Zeigefinger der rechten Hand empor (s. Tafel I).

Es ist auffällig, wie sehr unser Künstler hier aus der Rolle fällt und sich im Banne des Vorbildes befangen zeigt. Man kann sich kaum etwas Steiferes und Unbeholfeneres denken, als diese Darstellung eines der tragischsten Momente der Weltgeschichte. Wir vermissen jede Spur der sonst unsern Illustrator auszeichnenden Frische und Lebendigkeit. Freilich haben sich auch die übrigen Copisten nicht auf ein höheres künstlerisches Niveau aufzuschwingen vermocht, wie ein Vergleich der auf Tafel I, II und III zusammengestellten Darstellungen aus G, S, E, H, a, U, b und D ergiebt. In D (Tafel III) ist dies Bild mit dem folgenden zu einer Illustration vereinigt. Der Name Caesar, der im Text nicht genannt wird, kommt auch als Beischrift nicht vor, dagegen mit Ausnahme von A, durchweg die Bezeichnung: Julius. Ebenso hat der offenbar in der alten Geschichte gut bewanderte (vgl. S. 22) Zeichner von O die Namen der Mörder Caesar's selbständig hinzugefügt.

53) Fol. 53ᵇ (s. Tafeln I, II und III). Als zweites Beispiel, dicht darunter: Hektor und Achilles „als ein wagen unb sin stat gezogen tot" (s. V. 3387—3890). Vor

den zinnenbekrönten Mauern der Stadt Troia, deren mit einem grossen Riegelschloss gesperrtes Thor von zwei Thürmen flankirt wird, sehen wir einen Reiter — der Name Achilles kommt in keiner der Handschriften vor — in vollem Galopp nach links sprengen. Um den Schweif des Rosses ist ein Strick geschlungen, der in nicht sichtbarer Weise mit dem Leichnam des Ector verknüpft ist. Dieser ist in wagerechter Haltung vornübergestürzt schwebend gezeichnet, mit vorgestreckten Händen, fliegenden Haaren und in voller Rüstung.

In ähnlicher Weise wiederholt sich dies Bild in allen übrigen Mss. (s. Tafeln I, II und III). Am engsten untereinander verwandt erscheinen die Darstellungen in S, E (s. Tafel I), und G (s. Tafel II), sowie in D und b (s. Tafel III), welche die rückwärtige Lage Hektor's und die Geissel in der Hand des Reiters als eigenthümliche Züge aufweisen. Der Leichnam ist ebenso wie in A mittelst eines Strickes am Pferdeschwanze befestigt, und nur der Zeichner von S weicht hierin ab, indem er zwei vom Vordertheile des Pferdes ausgehende Stränge darstellt, an denen die Leiche nachschleppt. Die Copisten von U (s. Tafel III), a (s. Tafel II) und W zeigen noch eine andere Lösung und lassen den Reiter den Strick selbst in der Hand halten, während der Zeichner von a zugleich der Einzige ist, welchem bekannt gewesen zu sein scheint, dass ein gewisser Achilles dies Rachewerk vollführt hat; wenigstens ist hier der Reitersmann im Gegensatze zu allen übrigen Handschriften, wo derselbe meist als gewöhnlicher Fulrknecht erscheint, ebenfalls in voller Plattenrüstung dargestellt. In U ist wegen Mangels an Platz der Leichnam unterhalb des Pferdes liegend gezeichnet. Der Copist von H (s. Tafel II) stellt die Scene unsinnigerweise innerhalb der Stadtmauern vor sich gehend dar.

Wie wir sehen, steht die Auffassung des Zeichners von A in Bezug auf die Lage des Leichnams einzig da. In der Zeichnung der Stadt tritt dagegen auch bei A die Macht des Vorbildes wieder deutlich zu Tage, besonders bei einem Vergleich mit G und (weniger) S: nämlich in der Mitte das Thor mit Riegelschloss, flankirt von 2 Thürmen, zuäusserst rechts und links als Abschluss abermals zwei grössere Thürme, dazwischen eine Mauer mit Zinnen, bei A bogenförmig, in G und S geradlinig gezeichnet. Am freiesten ist das Städtebild in E (s. Tafel I), D (s. Tafel III) und a (s. Tafel II) behandelt, am ungeschicktesten in U (s. Tafel III). Die zahlreichen Kuppelbauten des Bildes in a (s. Tafel II) sollen den fremdländischen Charakter der Stadt Troia andeuten, in derselben Weise, wie auch die orientalischen Städtebilder im Breydenbach'schen Itinerar und der Schedel'schen Chronik charakterisirt sind.

54) Fol. 55ᵃ (s. Tafel VIII). Die Niederlage der Feinde, wie der Herr solche nachts im Traume sieht (V. 3483 ff.). Ein dichtes Kampfgewühl; von links her stürmen die Sieger mit Schwert und Lanze auf die in wüstem Haufen übereinander purzelnden Gegner los, welche, aus zahlreichen Wunden blutend oder gar mit abgehauenem Kopfe, widerstandslos den Streichen der Sieger erliegend dargestellt sind. Allen voran holt ein

Kämpfer mit beiden Armen über den Kopf herüber zu wuchtigem Hiebe aus, daneben steht ein zweiter, dessen Schwert den Kopf des Gegners bis auf den Hals gespalten hat, ein dritter sticht hinter dem Schilde hervor auf die am Boden liegenden Feinde los, ein vierter schwingt ein gewaltiges Schwert, von einem fünften Kämpfer schliesslich ist nur der Kopf sichtbar. Die Streiter erscheinen vom Scheitel bis zur Sohle in Schuppenpanzer gehüllt.

Lässt unsere Darstellung auch in Bezug auf Geschicklichkeit der Gruppirung und Freiheit der Bewegungen mancherlei zu wünschen übrig, so ist dieselbe doch den Darstellungen dieses Vorganges in den übrigen Mss. in Bezug auf Lebendigkeit und Natürlichkeit weit überlegen. Wie leblos und steif stehen sich in S, G, ja auch in E und H die Gegner einander gegenüber, von U, D, b und W ganz zu schweigen, woselbst auch nicht einmal der Versuch gemacht erscheint, eine Kampfscene einigermassen naturgetreu zur Darstellung zu bringen. Am besten hat sich noch der Illustrator von a mit den Einzelheiten seiner Aufgabe abgefunden, wenn freilich auch hier von einer künstlerischen Anordnung kaum die Rede sein kann.

55) Fol. 56ᵇ. Zuäusserst links Der lofer, mit schmeichlerischer Rede (Jr fit an tugenten volchomen) sich zu dem rechts neben ihm thronenden Herrn wendend, welcher selbstbewusst (Min tugent aht des nibt) vor sich hin sieht, unbekümmert um die rechts unter gewaltsamen Gliederverrenkungen ihn bestürmende girde (Wir bedurfen mer gutes). Weiter nach rechts folgt der Geiz — Erge — gleichfalls als hässliches Weib dargestellt (Jch gib genuch minen dynehten), und neben diesem die unstete (Er fol eo gern fin mit). Der letzte Spruchzettel lautet in den meisten übrigen Handschriften: (Er fol in gern fin undertan [G]), ein innerer Zusammenhang der beiden letzten Figuren mit der ersthschriebenen Gruppe ist aber auch bei dieser Lesart nicht recht erkennbar. Der Sinn der Verse, an welche sich unsere Darstellung offenbar anknüpft (V. 3565—3600), ist ungefähr: Der Weise soll nicht auf das Lob der Schmeichler hören; unsere Fehler: Habgier, Geiz und Unbeständigkeit, die sich häufig genug von selbst bemerklich machen, belehren uns weit richtiger über unsern wahren Werth. Wer würde aus unserer Abbildung diesen Inhalt herauszulesen im Stande sein? Die Hauptschuld trägt, wie so oft, die ungeschickte Auswahl der Schriftzettel-Texte, welchen, zumal bei den letzten Figuren, alle Prägnanz fehlt.

Die äussere Anordnung wiederholt sich in den übrigen Handschriften auf's Genaueste. In U und W findet sich der Text des Schriftzettels der Erge auf dem der Girde wiederholt, ein Irrthum, der auch in a wiederkehrt und abermals die nahe Zusammengehörigkeit dieser Mss. beweist.

56) Fol. 57ᵃ. Im Anschluss an die Verse 3610 ff., in denen davor gewarnt wird, dass man sich durch den Schmeichler nicht eine Puppe statt eines Kindes aufschwatzen lassen solle, ist dargestellt, wie ein Mann ein Kind mit beiden Armen zu einer höher im Bilde

sitzenden Figur hinaufreicht und auf deren Frage: [Ist das ein tocke (Puppe)] die Antwort: (Es ist ein schuon chint) giebt.

Die übrigen Mss. enthalten den Vorgang genau in derselben Weise dargestellt,
nur dass hier überall statt der in A durch den Raum bedingten Untereinander-Anord-
nung beide Figuren in gleicher Höhe erscheinen.

57) Fol. 57ᵃ. Unter oberflächlicher Anlehnung an die Verse 3627 ff., welche
von der Täuschung handeln, in die ein sich im Spiegel betrachtendes Kind geräth, sehen
wir drei Männer dicht neben einander stehend und in einen vom Vordersten derselben
emporgehaltenen runden Handspiegel schauend. Die Spruchzettel der beiden Uebrigen
lauten ganz willkürlich: (Ich bin schoner danne er) und (Sich wie schon er ist).

D ist neben A die einzige Handschrift, welche drei Männer zeigt, alle übrigen
haben nur zwei Männer; ausserdem in D die Variante, dass der Vorgang in einem geschlossenen Raume, der seitlich von zwei Thürmen und oben durch einen geschweiften
gothischen Bogen begrenzt wird, vor sich geht, sowie dass der Spiegel an der Wand
hängend dargestellt ist.

In allen Mss. mit Ausnahme von A finden sich nach dem vorbeschriebenen Bilde
zwei Illustrationen zu dem in den Versen 3661—3706 ausgesprochenen Grundsatze, dass man
nicht ehrgeizig nach lautem Lob und ruhmrediger Anerkennung streben, sondern seine Thaten
für sich sprechen lassen solle, da es besser sei, lautlos zum Himmel, als mit Paukenschall
zur Hölle zu fahren. Demgemäss erscheint auf dem einen Bilde das arme Volk, in a als
das selig volch bezeichnet, theils gar nicht, theils nur dürftig bekleidet vor der Thür des
Himmelreiches stehend, welche in S, G und H als eine sich an eine bunte Himmels-
scheibe anlehnende Thür in einem thurmartigen Gehäuse, in E und D als ein gewöln-
licher Burg-Eingang, in a als eine von Wolken umhüllte, in U als eine einfache rund-
bogige Oeffnung und in W als ein kleines Hausthor dargestellt ist. Als Gegenstück dazu
sieht man auf dem zweiten Bilde (in U und W ist die Reihenfolge vertauscht) eine Schaar
Berittener in reichen Gewändern (das unselig volch [a]) unter Voranitritt von Spielleuten
und Paukenschlägern, sowie mit wehender Fahne auf das Höllenthor losziehen, in welchem ein Teufel von lodernden Flammen umgeben und gierig die Krallen ausstreckend sichtbar wird. In D ist die Hölle als ein weitaufgerissener feuriger Rachen dargestellt, in
welchen der Zug der Sünder direkt hineinreitet.

Die grosse Uebereinstimmung, welche sich in allen Mss. trotz mancherlei Abweichungen, sowohl in der äussern Anordnung, wie in einzelnen charakteristischen Einzelheiten kundgiebt, lässt das Vorhandensein eines gemeinsamen Urbildes auch hier als zweifellos erscheinen. Weshalb der Zeichner von A auf Wiedergabe dieser ausnahmsweise
dankbaren Bilder verzichtet hat. ist nicht recht ersichtlich; aus Raummangel sicher nicht.

58) Fol. 59ᵃ. Unter der Ueberschrift: Des ruems gab sehen wir (nach Vers
3730 ff.) in der Mitte einen Mann, der dem links vor ihm stehenden Spielmanne einen

Rock hinreicht, damit dieser seine Freigebigkeit dankbar in die Welt hinaus verkünde, während der arme Bettler, der ihn um einen Pfennig anfleht (Herre gebt mir einen phenninch), leer ausgeht (Jch engib dir niht). Der Spielmann trägt eine Geige, die getreulich in allen Handschriften wiederkehrt; Der arme ist nur mit einem Lendentuche bekleidet und stützt sich auf einen vorgehaltenen Stock.

In E ist unsinniger Weise diese Darstellung mit der vorhergehenden, unter äusserster Ausnützung des disponiblen Raumes, in ein Bild zusammengezogen worden, offenbar aus dem Grunde, weil vom Schreiber vergessen worden war, an der betreffenden Stelle weiter unten im Texte den nöthigen Platz offen zu lassen.

Hiernach tritt abermals eine Lücke, deren Grund nicht ersichtlich ist, in der Bilderfolge unserer Handschrift A ein. Alle übrigen Mss. haben nämlich übereinstimmend als Illustration zu den Versen 3799 und 3800 ein Bild, welches einen Kirschbaum (in U und W ohne Früchte an den Zweigen) zeigt, in dessen Aesten ein Mann hockt und Kirschen pflückt, während ein anderer, unten am Stamme stehend, thörichter Weise Birnen von ihm verlangt. Der Wortlaut der beiden Schriftzettel stimmt in den verschiedenen Handschriften ziemlich genau überein (S: gib mir der pirn, ia sint eß kerse); nur in U, a und W ist von Aepfeln statt Birnen die Rede, (U: Gib mir och der öpffel, Ja sind es kricsen [so!]), ein neuer Beweis für die enge Zusammengehörigkeit dieser drei Handschriften. Die Zeichnung des Baumes ist hier durchgängig eine weit bessere, als in dem Vogelfang-Bilde (s. o. No. 14), wenngleich natürlich eine Charakterisirung der Baumart, abgesehen von der Anbringung einer Anzahl rother Punkte als Kirschen, nirgends auch nur versucht ist.

59) Fol. 59ᵇ. Statt der erwähnten Darstellung hat der Zeichner von A selbständig das kurz vorher (V. 3778—3781) erwähnte Beispiel von der edlen Geber-Grossmuth des „armen guten Reiters" (St. Martin) zum Gegenstande eines Bildes gemacht. Wir sehen, wie der Heilige — merkwürdiger Weise ohne Nimbus gezeichnet — vom Pferde gestiegen ist und seinen rothen Mantel mit dem Schwerte zertheilt, um einen Bettler damit zu bekleiden. Unser Künstler hat offenbar das Richtigere getroffen, als er sich ausnahmsweise einmal von seinem Vorbilde emancipirte und statt der unnöthigen Kirschbaum-Scene diesen allbekannten Vorgang im Bilde wiedergab.

Von jetzt ab geht der Bilderkreis wieder übereinstimmend weiter.

60) Fol. 60ᵇ. Ein einzelner Reitersmann, turniermässig in vollem Ansturm, mit eingelegter Lanze und vorgehaltenem Schild zwei Gegner auf einmal über den Haufen rennend, so dass sie rücklings von den zusammenbrechenden Pferden herabstürzen. Beischriften sind nicht vorhanden. Die Darstellung bezieht sich auf den Traum des ehrgeizigen Ritters, der in Vers 3831 ff. verspottet wird.

Die Ueberlegenheit unseres Bildes den übrigen Darstellungen dieses Vorganges gegenüber ist abermals festzustellen. Die an und für sich nicht schlechte Darstellung in E leidet an der Flüchtigkeit in der Zeichnung der Pferdeformen, die anderen Bilder sind ganz ungeniessbar. Die Gewalt des Angriffes, sowie das widerstandslose Zusammenbrechen von Ross und Reiter sind in unserem Bilde wahr und lebhaft zur Darstellung gebracht, wenn auch vielleicht etwas mehr Deutlichkeit durch schärfere Sonderung der beiden Besiegten wünschenswerth gewesen wäre. Die Lanze ist wiederum (s. oben S. 34) als dünner rother Strich von übermässiger Länge dargestellt.

61) Fol. 61ᵇ. Links ein nackter Mann, welchem 3 Personen — Bosheit als kleiner Kobold dargestellt. Luge als Dame mit sonderbarer Kopfbedeckung und Unstet als Mann — das Gewand vom Kopf herabstreifen, eine symbolische Handlung für den Verlust des innern Adels, welchen nach V. 3904 ff. die Herrschaft der Laster im Gefolge hat. Die Spruchzettel: (Du muſt din adel lan) und (Zihe wir im ſin adel ab) erklären den Vorgang hinreichend deutlich.

Die Aenderungen, welche die übrigen Mss. in der Wiedergabe dieses Bildes sich erlaubt haben, beschränken sich darauf, das Geschlecht der beiden Hauptfiguren Luge und Unstet zu vertauschen; im Uebrigen zeigt sich bis in Einzelheiten hinein wieder recht deutlich die Allmacht des Urbildes.

In S fehlt das betreffende Blatt.

62) Fol. 62ᵃ. Der Ring der Tugenden, im Anschluss an die Verse 3915 bis 3926. Innerhalb einer kreisrunden Umrahmung sehen wir radial angeordnet und mit den Köpfen sich in der Mitte berührend die Oberkörper dreier weiblicher Figuren, welche als Recht, Adel und Hüfſcheit bezeichnet sind. Dieselben fassen einander wie im Reigentanz an den Händen. Dieser symbolische Ausdruck ihrer Zusammengehörigkeit wird durch die umgeschriebenen Sprüche: Recht tuht edelichen — Adel tut hufflichen — Hüfſcheit tut rehte — in geschickter Weise erklärt und ergänzt.

In derselben Anordnung in allen Mss. — nur in S fehlt das betreffende Blatt — wiederkehrend, mit dem einzigen Unterschiede, dass der erste Text-Ring durchweg noch von einem zweiten umgeben erscheint, welcher eine Wiederholung der oben angeführten Sätze unter Vertauschung von Subject und Prädicat enthält: hierdurch wird die Wechselwirkung der Tugenden noch stärker betont. Aus welchem Grunde der Zeichner von A allein diese Abweichung von O vorgenommen hat, ist auch diesmal nicht ersichtlich.

Die Wahl der Kreisform für diese Darstellung ist auf die Vorliebe der Zeit für derartige sogen. Räder zurückzuführen. Es ist die Zeit der Glücks-, Lebens-, Wetterräder u. dergl., welche nicht nur zierlich gemalt in den Mss., sondern auch an den Façaden der Kirchen kunstvoll in Stein gehauen vorkommen. In der Beschreibung unserer Scivias-Handschrift (Cod. Sal. X. 16) haben wir zwei interessante Beispiele dieser Art vorgeführt und auf die einschlägige Litteratur hingewiesen*). Im vorliegenden Falle ist die Wahl der cyklischen Anordnung insofern als eine glückliche zu bezeichnen, als dadurch in sinnreicher Weise der enge Zusammenhang der Tugenden, sowie das Streben nach einem gemeinsamen Ziele und Mittelpunkt, der Glückseligkeit, zum Ausdruck gebracht worden ist.

63) Fol. 62ª. Di ſpiler (V. 3949 f.). Es ist dies die erste von drei auf einander folgenden Illustrationen zu dem Thema: Lass dich nicht von Leidenschaft umgarnen; Freude und Schmerz stehen dabei in keinem Verhältniss, denn kurzer Lust folgt langes Leid. Auf einer durchgehenden langen Holzbank sehen wir neben einem grossen Würfelbrett — die drei darauf liegenden Würfel zeigen die Zahlen 4, 5 und 6 — zwei Spieler sitzen, links der Verlierer, bis auf ein Hüfttuch ganz entkleidet, sich das Haar raufend und seine Unvernunft bejammernd: (Owe ich blinter), rechts der Gewinner, der auf den Verlierer hinweist und sich mit der Bemerkung: (Sich wie er ſich raufet) zu einem hinter ihm sitzenden Genossen wendet.

Diese Scene kehrt in derselben Anordnung in allen Mss. wieder; bezeichnend für die Verwandtschaft ist wiederum die lange, durchgehende Holzbank in G, E und H, während dieselbe in den meisten Papier-Handschriften in der Mitte durch einen besonderen Würfelbrett-Tisch in zwei Theile getrennt ist. In U und W erscheint das Würfelbrett frei in der Luft schwebend.

64) Fol. 62b. Als zweites Beispiel einer falschen und gefährlichen Leidenschaft wird die Vogelbeize vorgeführt (V. 3968—3970). Wir sehen einen Jägersmann, in unserer Handschrift mit dem Namen CHDORIS bezeichnet, welcher seinem entflogenen Falken nachschaut und mit der behandschuhten linken Hand einen rothen Gegenstand, wahrscheinlich ein Hühnerbein (s. unten), als Lockspeise hinhält, während die rechte Hand in die Waidetasche greift, wie um etwas herauszuholen. Oben am Rande des Blattes erscheint der entflohene Falke. Eine rothe Schnur mit einer Schleife am Ende, die Langfessel (longa), welche der unvorsichtige Jäger nicht vorschriftsmässig um die Hand gewickelt hatte, hängt im Fluge herab.

Interessant ist der Vergleich mit den betreffenden Darstellungen in den übrigen Mss., weil hier in ähnlicher Weise, wie oben beim Bilde des Vogelfanges (Nr. 14, s. oben S. 23), verschiedene Einzelheiten dieses mittelalterlichen Sports zur Anschauung gelangen. Zunächst ist das in der Linken emporgehaltene Lockmittel verschiedenartig dargestellt. In G, E und D erscheint dasselbe als eine abgeschnittene Hühnerkralle mit daran sitzendem Schenkel. Eine solche Kralle erblicken wir gleichfalls in der Hand des Falkners auf einem der beiden Holzschnitte, welche in dem Augsburger Drucke der hinterlassenen Schriften Kaiser Friedrichs des Zweiten (Apud Ioannem Praetorium Anno MDXCVI) dem Index

---

*) Die Miniaturen etc. I. Theil, S. 83 f.

von dessen Abhandlung: De arte venandi cum avibus vorangehen; ferner in derselben Weise auf einer Nachbildung aus Bonnart's Costumes du XIIIe au XVIme siècle*) in der Hand eines provençalischen Ritters des XV. Jahrhunderts, sowie auf einer der Illustrationen zu dem Pariser Ms. der ars venandi des Kaisers Friedrich**). Ueber die Verwendung dieser Art Lockmittel und den jagdtechnischen Ausdruck dafür hat der Verfasser trotzdem in den älteren und neueren Werken über die Falkenjagd, besonders auch in Kaiser Friedrich's hochberühmtem Buche nichts Bestimmtes in Erfahrung bringen können. Gewöhnlich wurde das Federspiel oder Vorlass, ein mit Federn und Flügeln versehenes Holzstück, mit einem Strick daran, zum Zurücklocken des Falken verwendet, wie wir solches auch in der Hand des Jägers auf dem betreffenden Bilde in a erblicken. Die Abbildung in E zeigt am deutlichsten, wie der Falke auf die vorgehaltene Klaue losstösst. Als schriftlicher Anhaltspunkt für den Gebrauch dieses Lockmittels ist eine von Wattenbach***) bereits citirte Stelle aus einer Münchener Handschrift zu nennen, wo der Reiz, den das Geld auf eine Hure ausübt, mit der Lockung verglichen wird, die ein abgeschnittener Vogelschenkel auf den Falken ausübt. Gewöhnlich wurde eine solche Kralle auch verwendet, damit der Vogel während der Zähmung damit spielen und sich darauf müde beissen sollte. Wahrscheinlich ist das oben erwähnte Stück in der Hand des Kunz auf unserem Bilde auch nur ein undeutlich gezeichnetes und roth übermaltes Hühnerbein; ebenso in S, U, b und W, wo in der Form ganz unbestimmte Gegenstände gezeichnet sind, welche dafür zeugen, dass den betreffenden Zeichnern der Gegenstand ganz fern lag. In H ist jener Moment für die Darstellung vorgezogen, in welchem der Falke mit der Kappe auf dem Haupte und den Wurffesseln (iacti) mit Schelle an den Beinen versehen, ruhig auf dem Handschuh des Herrn sitzend erscheint. In G und S lässt der Jäger den Ruf Sohtſche, ſohtſche ertönen, in H lautet derselbe: Troetſch, troetſch, he he he; in b ganz ähnlich: Troſch, troſch; in a Tſchohohoho, Tſchohohohoho; in U und W ebenso: Stſchohohoho †). Mit A sind somit E und D die einzigen Mss., die diesen Lockruf nicht enthalten. Ob die vereinzelt dastehende Beifügung des Namens Kunz in unserer Handschrift A vielleicht darauf zurückzuführen ist, dass der Zeichner einen befreundeten Jägersmann oder Falkner verewigen wollte, oder welche Gründe sonst dazu veranlasst haben mögen, entzieht sich der Beurtheilung.

*) In P. Lacroix: Moeurs, Usages etc. S. 211.
**) Abbildung in A. Schultz, Das höfische Leben zur Zeit der Minnesänger. 2. Auflage. Leipzig 1889. S. 477.
***) Anz. f. Kunde der deutschen Vorzeit 1876 Sp. 385. Die betreffenden Verse lauten:
Bursa vocat mecham veluti vocat ad cirotecam
Crus avis excisum vel visa caruncula nisum.
†) In „Der Minne Falkner" (ed. Schmeller, Bibl. d. litt. Ver. in Stuttgart XX, S. 187) lautet der Ruf: in schoch, in schoho.

65) Fol. 63ª. Die letzte der drei Illustrationen zu unserm Thema zeigt im Anschluss an die Verse 3983 ff. rechts von einem die Mitte des Bildes einnehmenden Baume den Liebhaber, welcher einer dicht neben ihm stehenden Buhlin die Wange streichelt. Die Schriftzettel verrathen, dass sich das Paar seiner Schuld bewusst ist, denn auf die Anrede des Galans: (Sehe ūt taʒ din man) antwortet das Weib voll Angst (Des erlaʒ mich got). Auf der andern Seite des Baumes erscheint der betrogene Ehemann, der jammernd die Hände ringt (We mir ſie iſt im holt). Der daneben stehende Verräther neigt sich zu ihm und macht ihn auf die Untreue seines Weibes aufmerksam (Sih ʒu waʒ din wip tut). Die Darstellung ist lebenswahr und in sich verständlich; besonders gut gelungen ist Ausdruck und Gestus der letztbeschriebenen Figur.

D schliesst sich wiederum am engsten an A an, indem hier allein der Baum wieder erscheint, der in allen andern Mss. fehlt. Im Uebrigen stimmen die betreffenden Bilder durchaus überein.

66) Fol. 65ª. Der hungrige Fresser (V. 4117 ff.). Oben ein gedeckter Tisch, worauf ein Fisch in der Schüssel, Brot und Messer liegen, weiter unten der Fresser mit dem Finger nach oben auf den Gegenstand seiner Begier zeigend: (Owe biet ich der ſpiſe).

In derselben Anordnung wiederholt sich das Bild in S, G, E, H und U. Bei den beiden erstgenannten Mss., wo dasselbe als Randzeichnung erscheint, liegt hierin nichts Auffälliges, wohl aber bei den drei letzteren, welche das Bild innerhalb der Columne enthalten, und zwar besonders bei F und H, wo nur mit Mühe der gedeckte Tisch oberhalb der männlichen Figur in der Umrahmung unterzubringen war. Unseres Erachtens lässt sich hieraus, ebenso wie aus dem 34. Bilde (s. oben S. 31), schliessen, dass die Vorlagen in O Randzeichnungen waren, wofür sich noch weitere Beweise ergeben werden. Es liegt nicht der geringste innere Anlass zu dieser Uebereinander-Stellung vor, und die Gedankenlosigkeit der Copisten von E, H und U tritt abermals deutlich zu Tage. In b und W scheint der Platzmangel zur richtigen Nebeneinanderstellung der beiden Theile des Bildes Veranlassung gegeben haben. Meist ist die untere Figur noch besonders als Der fraiʒ (G) bezeichnet, in a wegen Mangels an Platz ganz fortgelassen. Recht bezeichnend für die Strenge der Tradition ist das übereinstimmende Vorkommen des Fisches auf der Schüssel in A, S, G, E, H, D und b.

67) Fol. 66ª. Im Anschluss an den Anfang des 4. Buches (V. 4175 ff.), worin die enge Verkettung von Besitz und Begehr, von Macht und Uebermuth erläutert wird, sehen wir Der untugent dyeten in der Weise dargestellt, dass zunterst, grösser gezeichnet, ein sitzendes Weib (ohne Bezeichnung) erscheint mit den vier Grundlastern: tracheit, lecherheit trunchenheit und hurgeluſt in Gestalt von Kindern zu je zwei auf den Knieen, während eine oberhalb ihrer Schulter beginnende lange Reihe von Frauengestalten, und zwar Eine senkrecht über der Anderen mit dem Oberkörper hervorragend und sich mit beiden Händen

auf die Schultern der Vorgängerin stützend, die Kette der Laster darstellt. Die Reihenfolge der Namen von oben herab lautet: Gierſcheit, Riktum, Übermut, Herſchaft, Smachheit, Maht, Uppecheit, Name, Torſcheit, Adel, Geluſt; es folgt somit dem Avers des Besitzes und Genusses stets als Revers das nächst verwandte Laster.

Die Anordnung des Bildes, welche sich ebenso in allen Handschriften wiederfindet, ist nicht als eine geschickte zu betrachten. Zunächst fehlt es an einer rhythmischen Gliederung, wie sie der Sinn des Textes verlangt. Dort sind nicht Besitz und Laster als eine ununterbrochene, in sich zusammenhängende Kette geschildert, sondern jede Gruppe für sich; ausserdem fehlt im Text jeder Hinweis auf die im Bilde als Ausgangspunkt zuunterst hin gesetzte Figur, sowie auf die vier Untugenden auf deren Knieen. Die Unsicherheit in der Deutung dieser Hauptfigur wird durch den Mangel einer Beischrift noch gesteigert. Der Text nennt 6 Paar zusammengehöriger Begriffe, das Bild zeigt aber nur 10 übereinander gestellte Figuren. Die nächste oberhalb der Hauptfigur müsste somit die Beischrift: adel haben; statt dessen sind durch ein Versehen den 10 Figuren 11 Beischriften beigefügt, so dass die 10. Figur die Beischrift geluſt zeigen und die darauf folgende Hauptfigur entsprechend als lecerheit (V. 4188) bezeichnet werden müsste. Diese Beischrift findet sich dort aber nirgends und kann auch nicht als Bezeichnung der Hauptfigur gedacht gewesen sein, da kein Sinn darin liegt, diese Untugend vor den andern derart hervorzuheben. Dagegen kommt der Name lecerheit bei einem der vier kleinen Schoosskinder vor.

Vielleicht war die Absicht des Zeichners von O, 12 übereinander sitzende Figuren zu zeichnen und die sitzende Hauptfigur als Träger des Ganzen mit der Bezeichnung: der Herr, der Mensch oder dergleichen, zu versehen, vielleicht auch allgemein mit: die Untugend oder die Unſitte, als Ausgangspunkt aller Laster der Menschen. Die Zeichnung muss jedoch nach den angedeuteten Richtungen hin bereits in O nicht fehlerfrei gewesen sein, da sonst wohl in irgend einer der uns erhaltenen Handschriften eine richtige Darstellung überliefert sein würde. Dieselben enthalten sämmtlich die oben gerügten Fehler. Zunächst fehlt überall, mit Ausnahme von D, die Beischrift der Hauptfigur. In D ist uber ... (welches wohl als ubermut zu ergänzen sein dürfte) beigeschrieben, was aber in jeder Beziehung sinnlos erscheint. Sodann sind durchweg 10 Figuren mit 11 Namen dargestellt; der Zeichner von E ist der Einzige, der 12 Figuren übereinander zeigt, die Beischriften sind aber hier gleichfalls so falsch verteilt, dass die drei untersten Figuren ganz leer ausgehen und geluſt, wie immer, den Abschluss bildet. Auch ist in E die unterste Figur in keiner Weise als Hauptfigur hervorgehoben. Dieselbe erscheint weder grösser, als die andern, noch lässt sie die vier kleineren Tugendfiguren auf den Knieen; vielmehr stützt sie sich mit beiden Armen auf die Schultern der Letztern, welche zu je zwei übereinander angeordnet sind. Der Zeichner von E ist somit der Einzige, welchen die Unklarheit und Unrichtigkeit des Vorbildes zu einer Aenderung, welche freilich kaum als eine Verbesserung zu bezeichnen ist, veranlasst hat. Der Copist von b hat in seiner flüchtigen Weise wegen Platzmangels nur einen Torso des Vorbildes ohne jede Beischrift gegeben. Die Anordnung dieser Darstellung bietet eine neue Bestätigung unserer Annahme über die Anbringung der O-Zeichnungen; der Charakter des Randbildes tritt deutlich zu Tage und die Copisten von H und B sahen sich in der Lage, ein umrahmtes Randbild selbst auf Kosten der Columnenbreite herzustellen.

68) Fol. 66b. Als Illustration zu V. 4221 ff. ist die Herrschaft der Unmässigkeit über den Reichen in der Weise dargestellt, dass die Girde von ihrem Polstersitze herab unter lebhafter Gesticulation den Fuss auf das Haupt (V. 4228) einer tiefer sitzenden Figur — Richtum — setzt, auf deren Schooss Der riche als Kind, zärtlich die Mutter umfassend, sichtbar wird.

Diese sich aus dem Sinn ergebende, zugleich aber auch der Randzeichnung sehr bequeme Uebereinander-Anordnung findet sich auch in den umrahmten Bildern wieder. Ausnahmen nur b und W, wohl abermals aus Raummangel (s. Nr. 66). Aus demselben Grunde erscheint in D die Figur der Girde ganz ausgelassen. Gewissermassen als Ersatz dafür hat D auf der folgenden Seite (fol. 34b) als selbständigen Zusatz eine Darstellung eingeschaltet, welche sich in keinem der übrigen Mss. findet und den bösen Herrn vor dem Reichthum und der Habgier (geitigkait) an der Erde liegend zeigt. Reichthum tritt ihn mit Füssen und die Gier drückt ihn mittelst einer Gabel im Nacken zu Boden. Es ist also ungefähr derselbe Gedanke ausgedrückt, wie auf Bild 68 in den übrigen Handschriften.

69) Fol. 68a. Der Pantoffelheld (nach V. 4306 ff.). Oben ein sitzendes Weib, in der hocherhobenen Linken eine Geissel schwingend, mit der Rechten auf das unter dem emporgezogenen Kleide sichtbar werdende nackte Bein deutend und einem etwas tiefer im Bilde, links vor ihr knieenden Manne befehlend, sie am Fusse zu krauen: (Chlewel*) da schier). Dieser hat gehorsam (Dil gern vrowe) den hingehaltenen Fuss gefasst und blickt demüthig zur Herrin empor. Unten stehen in lebhaftem Gespräche zwei Männer, welche den Vorgang missbilligend betrachten: (Solde der min genoz sin) (An enwelle got).

Die letztbeschriebene Gruppe findet sich in den übrigen Mss. auf gleicher Höhe mit der ersten, bald links, bald rechts neben derselben. In E fehlt das betreffende Blatt.

70) Fol. 68b. Links Tugent und Stete, beide in Mäntel gehüllt, nebeneinander auf einem Sitze thronend und die Haupttugend: Beharrlichkeit (Jch gebeut stetcheit) (Jch rat eu daz ir staete sit) predigend. Von rechts her nahen dienstbereit 3 Tugenden, zu

---

*) Die andern Mss. haben meist: Krowe, dem Sinne nach wohl gleichbedeutend mit: Klewein, Kiubeln, Käubeln.

vorderst diemut (Vrowe waʒ gebietet ir), dann denſche (waʒ gebiut min vrowe) und zuletzt milt (waʒ gebiut min vrowe), alle Drei mit vorgestrecktem linken Arm sich zur Tugend wendend, welcher auch die Stäte zärtlich die Hand auf die Schulter legt. Die entsprechende Textstelle (V. 4336 ff.) preist die constantia als Rathgeberin aller Tugenden. Der Zeichner hat dies nicht ungeschickt dadurch ausgedrückt, dass er die ſtaete mit der Tugend auf demselben Sitze thronend zeigt, ähnlich wie Gott Vater neben Christus thronend dargestellt zu werden pflegte. Die einzelnen Tugenden nahen sich, Raths erholend.

D ist ausser A die einzige Handschrift, welche den tieferen Sinn dieser Anordnung verstanden hat; alle übrigen — in E fehlt das betreffende Blatt — zeigen die ſtaete links neben dem Thron der Tugend stehend.

71) Fol. 71ᵇ (s. Tafel IV). Die Illustration zu dem Gedanken, dass Gott nicht stets der Sünde gleich die Strafe folgen lasse (V. 4541 ff.). zieht sich den Rand der ganzen Seite hinunter. Zu oberst erscheinen zwei senkrecht nach unten zu schwebende Engel: der obere packt den untern, welcher mit einer Ruthe bewaffnet ist (Jch wil in ʒuhtigen), am Bein, um ihn von der Züchtigung des Uebelthäters abzuhalten: (Unſer herre wil des niht). Letzterer ist in der Mitte, d. h. in der halben Höhe des Bildes, in dem Moment dargestellt, wie er mit der Rechten eine wuchtige Keule schwingt und mit der Linken einen vor ihm knieenden Mann trotz seines Flehens (Herre tote mich niht) am Schopfe zu Boden reisst. Von unten her beobachten zwei Teufel den Vorgang; der eine will seine Beute mit erhobenem Haken ergreifen (So iſt er im . . . .) — in G steht: (So iſt er uns gar beſchert) — der andere, etwas höher stehend gezeichnet, warnt ihn (Er enlat in niht ʒuhtigen), Gott vorzugreifen, thut aber äusserlich nichts, um seinen Collegen davon abzuhalten, sondern langt sogar selbst gierig mit seinem Haken nach oben.

Ich habe auf Tafel IV diese Scene aus den Handschriften A, G, H zum Vergleiche neben einander reproduciren lassen, um die genaue Befolgung des gemeinsamen Vorbildes vor Augen zu führen. Der Zeichner von H hat den Charakter des Randbildes unvernünftiger Weise gänzlich aufgehoben, indem er die zusammenhängende Darstellung in drei durch Umrahmung gesonderte Theile zertrennte. Die Vorzüge von A hinsichtlich der Belebtheit und Natürlichkeit der Darstellung treten auch hier wieder zu Tage. Man vergleiche besonders die Mittelgruppe in A mit der von G und H. Dass in D und b die Teufel auf demselben Plane wie der Bösewicht und sein Opfer erscheinen, ist lediglich auf Raumersparniss zurückzuführen, da sonst fast die ganze Textcolumne weggefallen wäre.

Die Darstellung der Engel auf unserem Bilde, als geflügelte, jugendliche Gestalten in wallenden Kleidern, stimmt in den Handschriften bis auf den Nimbus, welcher ausser in A nur noch in S und H, und bis auf die togaartige Umhüllung, welche nur noch in S und G vorkommt, im Grossen und Ganzen überein. Auch hinsichtlich der Wiedergabe der Teufel*) haben sich die Copisten ziemlich streng an ihr Vorbild gehalten. Gewisse Züge kehren immer wieder, so: die Mischung von Mensch und Thier, der Schwanz, die klauenartigen Füsse, u. a. m. Dabei hat aber der eine Zeichner den Kopf mehr fratzenartig gestellt, der andere mehr unthierartig, der eine hat ihn mit Hörnern versehen (H, a und D), der andere mit langen Ohren (U und W); in D erscheinen Fledermaus-, in U und W Adlerflügel hinzugefügt u. s. f. Je jünger die Handschriften, um so phantasievoller werden die Einzelformen der Teufel, wenn ihre Erscheinung im Ganzen auch noch weit hinter der ungeheuerlichen Vorstellungskraft eines Schongauer oder Dürer zurückbleibt. Die Haken, mit welchen die Teufel den Missethäter herabzuziehen streben, sind überall gleich gestaltet. E vacat.

72) Fol. 72^b. Links: **Der gewaltiger**, d. h. der Gewalthaber, welcher einem Andern Unrecht zugefügt hat, auf einem Polstersitz thronend und nach rechts gewandt, aus der Hand der vor ihm stehenden **Ungut** die **Schulde** entgegennehmend (**Du geist mir die schulde**). Letztere ist als kleines Kind gezeichnet und wird von der Schlechtigkeit an Bein und Rücken gepackt hoch gehoben, während das **Unheil**, gleichfalls als Kind dargestellt, als Zeichen der engen Zusammengehörigkeit, mit einem umgeschlungenen Strick an den Füssen der Schuld derart befestigt erscheint, dass es nach Art eines Antipoden mit vorgestreckten Armen nach unten herabhängt. Ein direkter Anschluss an eine Textstelle ist nicht vorhanden. Der Gedankengang, dass der Gewalthaber von der Schlechtigkeit die Schuld, welche mit dem Unheil unzertrennlich verbunden ist, aufgebürdet bekommt, findet sich im Allgemeinen in den Versen 4623 und 4624 ausgedrückt, aber in einem Zusammenhange, welcher diesen Punkt nur als nebensächlich erscheinen lässt. Der Kern der Ausführungen in dem betreffenden Textabschnitt ist: besser Unrecht leiden als Unrecht thun. Der Zeichner, der mit dieser Vorstellung offenbar nichts anzufangen wusste, hat statt dessen hier, wie so oft, diejenige Textstelle herausgegriffen, welche ihm am ehesten eine Handhabe zur bildlichen Wiedergabe bot, unbekümmert darum, ob dadurch ein unverhältnissmässiger Accent auf eine Nebenstelle gelegt wurde.

Die Copisten der übrigen Handschriften haben das Vorbild aufs Strengste nachgeahmt, dabei aber theils aus Unverstand, theils aus Flüchtigkeit die Stricke vergessen, welche Schuld und Unheil verbinden, so dass letztere nicht an der erstern hängend, sondern frei schwebend erscheint (so in S, H, U, D, a, b und W). E wie oben.

73) Fol. 73^a. In der linken Hälfte des Bildes: **Der ungut man** welcher mit beiden Händen einen mit eingeknickten Knieen, vornübergebengt links neben ihm stehenden und nur mit einem Hüftentuche bekleideten Armen — **Der arm** — am Schopfe gepackt

*) Ueber die Darstellungen von Hölle und Teufel s. Blomberg, Der Teufel und seine Gesellen, Berlin 1867; ferner Georg Voss, Das jüngste Gericht etc., Leipzig 1884 S. 20 ff.; das, weitere Litteratur.

- 52 -

hält, während sich der Kopf fragend (Waʒ bringet ir mir) nach der andern Seite zu zwei von rechts her herannahenden Leuten wendet. Diese tragen auf einer Stange die wie leblose Puppen darüber hängenden Figuren der Unfelcheit und Unvreude und machen dem bösen Manne in zwei zusammengehörigen Schriftzetteln (wir tragen dir weisde) (unselde unt unvreude) davon die betreffende Mittheilung. Auch hier ist, wie im vorhergehenden Bilde, nur ein oberflächlicher Anschluss an den Sinn der Verse 4650 und 4651 vorhanden. Der Künstler erscheint in seiner ganzen Naivetät, indem er die beiden allegorischen Figuren wie leere Säcke auf die Stange gehängt darstellt.

Die Tyrannei des Vorbildes zeigt sich in den übrigen Mss. hier wieder besonders deutlich. Mit Ausnahme von S und b, deren Zeichner durch unmotivirte Abweichungen den Sinn der Darstellung vollständig verwischt haben, zeigen Alle genau dieselbe Anordnung, die sich bis auf Einzelheiten: das Tragen der Stange, die Haltung und der Gestus des Gewaltthätigen, die Darstellung des Armen, das Hängen der leblosen Figuren u. a. m. erstreckt. E wie oben.

74) Fol. 75ᵃ. Das Bild knüpft an an die Verse 4755—4758, in denen es als kein wohlthätiges Werk bezeichnet wird, einem Trunkenen noch zu trinken zu geben. Wir sehen drei Männer neben einander stehen. Der mittlere wendet sich, einen mächtigen Pocal hoch haltend, mit der Aufforderung zum Trinken (Trinch vaſte) zu einem rechts neben ihm Stehenden, welcher, durch eine Binde um den Kopf eher als ein Kranker, denn als ein Trunkener bezeichnet, gierig die Hände darnach ausstreckt (Gib mir ʒe trinchen durch got). Auf der andern Seite steht der Verführer und legt, der mittleren Figur zuredend: (Mache trunchen), die Hand auf die Schulter des Trinkers.

Das Vorbild erscheint durchweg streng befolgt, nur dass in E, U, a und W die mittlere Figur als der Trinker erscheint und die Spruchzettel entsprechend vertauscht sind. Diese Umänderung ist insofern sinnlos, als der Verführer seinen Platz beibehalten hat und sich nun mit seiner Aufforderung an den Trunkenen wendet, statt an den, der ihn trunken machen soll. Offenbar ist in einer der ältesten Tochterhandschriften eine Verwechselung der Beischriften erfolgt und dies Versehen von da aus in eine ganze Handschriftenfamilie übergegangen. Befördert wurde der Irrthum wohl durch den Umstand, dass die mittlere Figur den Pocal in der Nähe des Mundes hielt (man vergleiche G, welches den Irrthum nicht enthält) und desshalb bei oberflächlicher Betrachtung für den Trinker gehalten werden konnte. Die mittlere Figur erscheint in den gen. Mss. folgerichtig mit dem Becher an der Lippe. Der Zeichner von b lässt die mittlere Figur als Trunkenheit erscheinen und: (Ich wil selber trinken) sagen, während Der trincker bittet: (Gib mir auch ʒu trincken) und die Übeltätigkeit der Trunkenheit unter Handauflegen zuredet: (Mach yn gar trunchen). Die Binde um den Kopf des Trunkenen findet sich nur in G und S wieder. E wie oben.

75) Fol. 75b. Als Illustration zu dem Satze, dass nach Gottes Wille kein Teufel über den gerechten Menschen Macht habe, sehen wir links einen Teufel mit erhobenen Händen zu einem gewaltigen Schlage ausholend gegen einen Menschen, der abgewendet auf einer Polsterbank sitzend erscheint, ohne Ahnung von dem ihn bedrohenden Unheil. Die Abwendung des letzteren durch Gottes Hand zeigt der Künstler in sinnfälligster Weise dadurch, dass er um den Kopf des gewaltigen Holzhammers, den der Teufel schwingt, eine Seil-Schlinge, welche von einer aus Wolken hervorschauenden Hand gehalten wird, herumlegt. Beischriften und Schriftzettel fehlen und sind in der That bei der Klarheit der Darstellung überflüssig.

In S, D, U, a und b ist diese Illustration völlig sinnlos an anderer Stelle im Texte eingeschoben, nämlich dort, wo vom Erschlagen des Paulus die Rede ist (V. 4824 f.); in der äusseren Erscheinung herrscht aber völlige Uebereinstimmung mit A. Der Zeichner von H lässt statt der Hand Gottes einen Engel erscheinen, welcher den Hammer des Teufels festhält. In Bezug auf Lebendigkeit und Deutlichkeit der Bewegung nimmt die Darstellung in a unter den jüngeren Handschriften abermals die erste Stelle ein. Die Teufel erscheinen in der oben angedeuteten Weise charakterisirt.

76) Fol. 80a (s. Tafel VIII). In direktem Anschluss an V. 5089 ff. wird die Thätigkeit eines sorgsamen Arztes in doppelter Weise: links am Krankenbette und rechts als Operateur geschildert. Der ſiech liegt nackt bis zur Brust, von einer rothen Decke bedeckt, in einer reich verzierten Bettstatt. Hinter derselben steht Der arʒt in langem Gewande, das Haupt mit einer Kappe bedeckt, und erfasst, sich zu dem Kranken hernieder beugend, den langen Bart desselben (s. V. 3094), um ihn aus dem schädlichen Schlummer zu wecken (Dir iſt ſlaffen ungeſunt). Die andere Scene zeigt den Siechen völlig nackt, mit Händen und Füssen in einigem Abstand über dem Boden an einen Pfahl gefesselt und den Kopf schmerzerfüllt nach dem Arzte umdrehend, welcher in aller Gemüthsruhe ein riesiges Messer an des Patienten Hüfte zum Schneiden ansetzt.

Die Scene links am Krankenbette kehrt in derselben Weise in allen übrigen Mss. wieder, ebenso der rechtsseitige Vorgang, welcher nur in a dahin geändert worden ist, dass der Kranke nicht in der üblichen, barbarischen Weise uf ʒuo einer want (V. 5092) gebunden, sondern auf einer Art Operations-Bahre liegend erscheint. Dabei lassen S, G, U und W den Siechen, ebenso wie in A, am Pfahle oder an der Säule so hoch angebunden schweben, dass die Füsse nicht einmal den Boden erreichen, während in E, D, a und b der Kranke wenigstens stehend angebunden ist. Das Blut desselben, in A und D gar nicht angedeutet, rinnt in den übrigen Mss. in Strömen. Der Zeichner von E lässt den Patienten, der sich jämmerlich vor Schmerzen windet, in die Klage: (O we meiſter ſnydent ſanffte) ausbrechen. Der Arzt ist, ausser in b, durchweg mit einer Kopfbedeckung dargestellt, theils in der Form einer runden Kappe, theils in der Form eines

Baretts, einer Zipfelmütze oder Gugel. In solchen Nebendingen lässt sich der bestimmte Einfluss des Vorbildes oft am deutlichsten verfolgen.

77) Fol. 84ª. Der Tugendhafte ist im Unglück nie verlassen; seine Tugenden folgen ihm überall hin, in Armuth, Krankheit, Kerker und Verbannung (V. 5317 ff.). Der Zeichner zeigt uns dementsprechend in zwei gesonderten Darstellungen einerseits den Herrn, welcher im Beisein des Volkes die Acht ausspricht, andererseits den Geächteten mit seinen Tugenden im Gefolge. Der herre erscheint zuäusserst links in Mantel und Barett, auf einem Polstersitze thronend und einer Anzahl vor ihm stehender Leute — Daʒ volch — den Urtheilsspruch (Jch tun in ʒe ehte) verkündigend. Die aus der Zahl von sechs dicht an einander gedrängten Personen bestehende Gruppe wiederholt den Spruch auf einem Schriftzettel in der Hand des Vordersten (Er iſt ʒe eht getan). Rechts davon, mit dem Rücken gegen die letztbeschriebene Gruppe gewendet, erscheint eine ganz gleich angeordnete Schaar — ſein tugent —, deren Vordermann gleichfalls einen Schriftzettel (Wir enchomen von dir niht) trägt. Voran, zuäusserst rechts schreitet Der ehter, mit nach rückwärts ausgestreckter Hand die Tugenden zur Folge ermahnend: (Dart mit mir mein tugent).

Die Anordnung dieser Scene, welche sich in allen übrigen Handschriften mit mehr oder weniger verminderter Personenzahl ebenso wiederfindet — b ausgenommen, welche ausserdem völligen Unsinn in Zeichnung und Beischriften aufweist —, ist insofern auffällig, als der Zeichner von O, der sich gewöhnlich auf das Nothwendigste beschränkt, hier eine zum Verständniss des Vorganges ganz überflüssige Scene hinzugefügt hat. Die rechte Seite für sich würde zur Illustration des Gedankens vollkommen ausreichen. Das Unvermögen der Künstler, die wirklichen und die allegorischen Figuren auch nur in Etwas verschieden zu charakterisiren, tritt abermals deutlich hervor. Die Tugenden erscheinen in denselben langen Röcken oder derselben Gugel und demselben Radmantel, wie das danebenstehende Volk. Die einzige Handschrift, welche wenigstens den Versuch zeigt, beide Gruppen durch lange und kurze Kleider verschieden zu charakterisiren, ist D.

78) Fol. 86ª. Der Text handelt auf dieser Seite von dem ewigen Lohn und der ewigen Strafe, deren der Mensch sich zu jeder Zeit und an jedem Orte bewusst und gewärtig sein müsse. Im Anschluss an die Verse: der wec in allen landen iſt, | der hin ʒe got vert ʒaller vriſt, bringt der Zeichner eine überaus einfache Grundriss-Darstellung den Weg zum Himmel und zur Hölle, ohne dabei auf den Sinn des Textes irgendwie näher einzugehen. Wir sehen in der Mitte die Erde als blaue Scheibe mit einer Anzahl concentrischer bunter Ringe ringsum, von denen ausgehend sich Des himels wech nach oben in blaue Wolkenlinien hinein erstreckt, während Der helle wech nach unten zu in einen schwarzen Raum, der zwei Drachen birgt, ausläuft.

Mit geringen Abweichungen überall (mit Ausnahme von H [s. unten]) wiederkehrend. In E ist das Bild unvollendet, in S der unterste Theil aus Platzmangel ab-
getrennt dargestellt. Die Hölle erscheint, meist abweichend von der Darstellung in A, als
ein ganzer oder halber Kreis, mit einer Teufelsfratze darin (so in S, G, E, U, a, b und
W). D allein hat statt dessen den Unthierrachen, welcher im XV. Jahrhundert die Regel
bildet. Die Anordnung des Himmels, als einer Anzahl gewellter blauer Linien mit eingezeichneten Sternen, ist nur in b verlassen, wo statt dessen ein Engel als Gegenstück
zum Teufel, über einer Mondsichel hervorschauend sichtbar ist. In H sind statt dieses Bildes
zwischen den Versen 5501 und 5525, in denen von den verschiedenen Gräbern die Rede
ist, drei Bilder eingeschaltet, welche nichts als einen Sarg darstellen. Die Phantasie des
Copisten hat somit nicht nur nichts Besseres an die Stelle des Vorbildes zu setzen gewusst, sondern letzteres an rein äusserlicher Auffassung noch überboten.

79) Fol. 91b (s. Tafel VIII). Die Leiter der Tugenden und Laster (V. 5809 ff.).
In ähnlicher Anordnung, wie auf dem vorigen Bilde ist in der Mitte ein die Erde vor-
stellendes Rund gezeichnet, von dem aus der eine Arm als Stiege mit festen Staffeln (V. 5817)
nach oben in den Himmel, der andere mit zerbrochenen Staffeln nach unten zur Hölle
führt. Im oberen Theile wird ein Mann sichtbar, der angestrengt mit Armen und Beinen
hinauf zu klimmen sucht, während ihn eine Anzahl am Fusse der Leiter aufgestellter
Teufel mit spitzen Haken[*]) zu ergreifen und herabzureissen trachten. (Vergl. unten
No. 88.) Jede Staffel ist bezeichnet, die oberen mit: **Warheit, Reht, Senpht, Lieb, Milt**
und **Armut**, die unteren mit: **Ubermut, Gierd, Neit, Zorn, Unreht** und **Meineid**. Auch
die Haken der zu je drei auf beiden Seiten aufgestellten Teufel sind mit Namen versehen:
Des reichtums haken, Der herschaft haken, Der maht haken, [Des] Nam haken, Des adels
haken und **Der gelust haken**. Der Haken des Reichthums hat einen Zipfel des Gewandes
des Kletternden gefasst, doch gelingt es dem betreffenden Teufel nicht, denselben herabzureissen, so dass er seine Genossen um Hilfe anrufen muss (**Helft ich han in erwischt**).
Der **himel** ist wie auf dem vorigen Bilde dargestellt. Die **helle** dagegen erscheint hier als
ein flammenumlodertes, schwarzes Rund mit einem Brunnen in der Mitte, in welchen ein
Teufel einen Sünder kopfüber eintaucht, während vier andere Sünder ringsum aus dem
Feuerstrome hervorschauen. Die Darstellung ist nicht ohne Geschick entworfen; der Zeichner
hat die abstrakte Vorstellung des Textes wirkungsvoll in einen sinnfälligen Vorgang ver-
wandelt und dementsprechend den Moment dargestellt, in dem der muthig aufwärts
Strebende in Gefahr erscheint, von den niederen Leidenschaften überwältigt zu werden.

---

[*]) Die Haken spielen auch bei den Teufeln in den Miniaturen des Utrechter Psalters eine
Rolle. S. A. Springer, Die Psalter-Illustrationen des Mittelalters i. d. Abh. d. phil.-hist. Kl. d. Kgl. Sächs.
Ges. d. Wissensch. Leipzig 1880, S. 241.

Die übrigen Mss. enthalten diese Darstellung im Ganzen völlig mit A übereinstimmend. Die Abweichungen betreffen theils die Wiedergabe des Himmels — in S erscheint statt der Wolkenkransen das Haupt Christi mit Kreuz-Nimbus — theils die der Hölle. Bei letzterer lassen sich zwei Traditionskreise verfolgen. Die Pergament-Handschriften S, G, E zeigen übereinstimmend ein Kreisrund, in dessen Mitte der Oberkörper eines Unthiers mit je einer menschlichen Figur zu beiden Seiten (in E flammenumlodert) sichtbar wird, die Papierhandschriften a, C und W dagegen enthalten ein von Flammen verhülltes Halbrund mit den Oberkörpern von drei Sündern in Vorderansicht nebeneinander gezeichnet. Die Darstellungsweise in A ist als eine ausführlicher behandelte Vorstufe zur ersten Klasse zu rechnen; in H und b sind aus Platzmangel Himmel und Hölle gar nicht mit abgebildet, während in D, wie auf dem 75. Bilde, die letztere als ein offener Rachen erscheint. Sehr sorglos ist fast durchweg hinsichtlich der Beischriften verfahren. Die Copisten von S, G, E, H, D und b haben sich nicht einmal die Mühe gegeben, sämmtliche Haken mit den zugehörigen Bezeichnungen zu versehen; in S sind die Stufen sämmtlich unbeschrieben und statt sechs Teufel nur drei dargestellt, in G davon vier. Am unverständigsten erweist sich, abgesehen von der rohen Skizze in b, der Zeichner von E. Derselbe hat die Anordnung der zerbrochenen Staffeln in dem untern Theile der Leiter nicht verstanden und die Namen der Laster theils auf ein zickzackartig umgebogenes, theils auf ein wellenförmig gewundenes Schriftband geschrieben. Die Staffeln im oberen Theile fehlen hier ganz.

86 Fol. 98ᵃ. Die Illustration hält sich nur ganz oberflächlich an den Sinn der zugehörigen Textstelle, in welcher der wälsche Gast die Ursachen der Sittenverderbniss der Zeit behandelt (V. 628) ff. Wir sehen links die häusliche Untugend mit einer spitzen Mütze auf dem Haupte, sonst aber ganz unbekleidet, mit übergeschlagenen Beinen thronend und fünf rechts vor ihr stehende Personen an sich lockend: (Wört herz mir welt ir er). Diese, mit der Ueberschrift: Die enphahent ir lehen versehen, erscheinen theils lebhaft gesticulirend, theils ruhig neben einander stehend und geben auf vier Spruchsettels ihre Wünsche und Bewegnisse kund: (Ich han iz e geworden) (Leibt mir arebeit (Leihe mir daz rucher) (Ome ri dringent mir alle vor). Es handelt sich also nur allgemein um eine Belehnung der Menschen mit den gewünschten Lastern von Seiten der Untugend.

Unsere Darstellung wiederholt sich in allen Mss. im Ganzen wie im Einzelnen. Ueberall, mit Ausnahme von H, erscheint das Laster, wie auf Bild 26, nackt auf dem Throne sitzend, überall (mit Ausnahme von a) mit der spitzen Mütze bekleidet und mit übergeschlagenen Beinen. Dabei variirt die Zahl der Lehensträger zwischen vier und sechs. In G ist die Untugend wiederum in jener eigentümlichen Weise, nämlich ohne Sitz, schwebend dargestellt (s. oben S. 21).

Textkritik hülfreich zur Seite treten kann, denn das Vorkommen der Eule in den Handschriften, welche im Texte gar keinen Bezug darauf enthalten, beweist, dass Rückert Recht hatte, die Lesart iule in seiner Ausgabe als die ursprüngliche hinzustellen. S und A sind die einzigen Mss., welche die Darstellung der Vögel nicht enthalten. In S beruht dies wahrscheinlich auf einem Vergessen des Zeichners, der in flüchtigen Schnörkeln am Rande eine Art Vorzeichnung hinterlassen zu haben scheint. Der Text hat: der bidelben oeiulle aller frist. A steht hinsichtlich der Lesart unwille ganz allein. Der Zeichner hat offenbar mit Ueberlegung die Vögel als etwas Unmotivirtes weggelassen, nachdem obige Variante im Texte Aufnahme gefunden, und zwar aus dem Grunde, weil dem Schreiber die Feindseligkeit gewisser Vögel der Eule gegenüber unbekannt und der gewählte Tropus ihm somit nicht verständlich war. Diese Thatsache spricht abermals zu Gunsten der selbständigen Auffassung, mit der der Künstler von A dem Vorbilde gegenüber trat. In H ist die Scene in zwei Bilder zertrennt, der Sinn der Darstellung einer Eule aber gleichfalls gar nicht begriffen worden, indem dieselbe mit dem Spruchzettel (Hoer auff) in den Krallen erscheint.

82) Fol. 100b. Die verkehrte Welt, in zwei Beispielen dargestellt: links die unvernünftige Creatur als Fürsprecher des vernunftbegabten Menschen, rechts: die Jugend, das Alter in den Hintergrund drängend (V. 6445 ff.). Zuäusserst links: Der herre, thronend und mit mahnend erhobener Rechten sich zu einem vor ihm stehenden Weibe mit der Frage wendend: (Wen wil du ze vursprechen). Zwischen Beiden erscheint, auf den Hinterbeinen aufgerichtet, ein Widder, welchen das Weib am Nacken gepackt hält und als Fürsprecher gewählt hat (Den wider ich nem wol). Zugleich wendet sie sich im Gespräch rückwärts zu einem Begleiter, welcher ihr zu der getroffenen Wahl seine Zustimmung ausdrückt: (Du hast rehte getan). Die nächste Scene schliesst sich unmittelbar daran und zeigt, wie Der iunge mit dem Ellbogen unwirsch einen graubärtigen Mann — Der alte — zurückzudrängen sucht. Auf die grobe Aufforderung des Ersteren: (Ca mich vor alter tor), erwidert Letzterer resignirt: (Allso stet der werlde nu).

In allen Mss., mit Ausnahme von E, wo wiederum zwei Blätter fehlen, in derselben Weise — in S im Gegensinne — wiederkehrend. Statt des Widders erscheint auch ein Stier (U, W) oder Ziegenbock (D).

83) Fol. 102b. Die ungerechte Vertheilung des Gutes seitens des Herrschers (V. 6569 ff.). In der Mitte Ein herre thronend und einem links vor ihm Knieenden — Der riche — aus einem gewaltigen Beutel Geld in den offenen Mund schüttend, während auf der andern Seite Der bedurfent vergeblich steht: (Herre gebt auch mir). Der böse Wille des Gebers ergiebt sich aus dem Spruchzettel: (Bedorft ers ich gebe ich niht); die zuäusserst links hinter dem unersättlichen Reichen stehende Girde räth diesem, den Mund weit aufzumachen: (Gien auf vaste), damit er immer noch mehr bekomme.

Ueberall die gleiche Darstellung. Der Reiche ist in U, a und W als gitikeit, in b als nymer | vol bezeichnet. In E fehlt abermals ein Blatt.

84) Fol. 105ᵇ. Am Schlusse des V. Buches schildert der Dichter, wie der Besitz, die Ruhmsucht u. s. w. sich als Ketten um den Menschen legen und ihn an der Uebung der Tugend behindern, während ihn zugleich die Ketten der Wollust, Trägheit, Trunkenheit u. s. w. zur Hölle herabzügen. Man solle sich auf Erden im Bad der Tugend freiwillig reinigen und nicht erst das Bad der Hölle erwarten.

Die Illustration zeigt links: Der helle bat, in Gestalt eines von einem Gerüste herab-hängenden Kessels, unter dem loderndes Feuer sichtbar ist, sowie auf der andern Seite der Laster Kette, mittelst welcher ein Teufel einen nackten, sich mit vorgestreckten Armen sträubenden Menschen, dem die Kette um den Hals gelegt ist, nach rechts zu sich zu zerren sucht. Zu gleicher Zeit wird demselben von hinten, d. h. von links her, durch einen andern Teufel, der mit dem rechten Arme die eine Stange des Gerüstes umfasst hält, eine mit Feuer gefüllte Pfanne über den Kopf gestülpt, während ein drittes Teufelchen beide Arme nach ihm ausstreckt. Die Kette, welche aus zehn grossen Gliedern besteht, hat die folgenden Beischriften: Girde, Riħtun, Ubermut, Smacħeit, Tracħeit, Lecħerħeit, Trunchenħeit, Hurluſt, Herſcħaft, nam, torſcħeit, geluſt, upecħeit, maħt und adel.

Der mit gewohnter Einfalt klar und übersichtlich dargestellte Vorgang findet sich mit geringen Abweichungen ebenso in den übrigen Handschriften wieder. Der Zeichner von D, welcher die Darstellung im Gegensinne copirt hat, stellt die Kette der Verführungen und Laster unten im Bilde gesondert dar, und schreibt sorgsam und deutlich die Be-zeichnungen der einzelnen Glieder bei, welche des kleinen Maassstabes wegen im Bilde selbst keinen Platz fanden. Die Darstellung der Teufel bietet keine neuen Züge. In a ist das Ende der Kette an einer fünfzinkigen mächtigen Gabel befestigt, mit welcher der Teufel auf den Sünder losschlägt. Die Entstehung dieser Gabel ist aus A, G, E und S er-sichtlich und geht auf die Anordnung der Beischriften auf parallel nebeneinander geordneten Zetteln zurück, welche sich in dem betreffenden Vorbilde am Ende der vom Teufel mit beiden Armen hochgehaltenen Kette befanden. Die Flüchtigkeit des Copisten von a er-scheint hierbei in hellem Lichte.

85) Fol. 110ᵃ. Der Wucherer als Kämmerer, nach V. 7041 ff. Links Der wucĥerere mit einer grossen Geldtasche in der Rechten und gegenüberstehend ein Mann, der ihm die Finger der linken Hand auf das Auge legt. Der Sinn des Textes, welcher den Wucherer als Kämmerer seiner Schuldner verspottet, ist nur oberflächlich gestreift. Auch in den übrigen Handschriften ist kein Versuch zu einer Vertiefung der Darstellung gemacht worden, einzig der Copist von E hat den Vorgang dahin verändert, dass er den Wucherer neben einer geöffneten Geldkiste an einem Tische sitzen lässt. Vor ihm liegt ein Haufen Geld, den er mit der Hand bedeckt und vor einem herantretenden Manne

8*

(Wucherer du bist godez esser) zu verbergen sucht. Das Auflegen der Hand auf das Auge des Wucherers (cf. V. 7045) findet sich nur noch in S wieder und ist von den späteren Copisten übersehen worden. In b ist diese Darstellung ganz weggelassen.

86) Fol. 115ª. Habgier und Feigheit als schlechte Streitgenossen (V. 7353 ff.). Zuäusserst links die Girde. Sie packt einen mit blossem Schwerte und umgehängtem Schilde vor ihr stehenden, kampfmässig gerüsteten Ritter an den Händen, um ihn vom Kampfe abzuhalten, indem sie ihm den schlechten Rath giebt, das Ross des Gegners zu nehmen und zu entfliehen (Nim daz ros und vleuch). Als Gegenstück rechts die zagcheit, einem Rittersmanne, der mit vorgehaltenem Schilde zum Angriff auf seinen Gegner los schreitet, die zum Hiebe ausholende Rechte festhaltend und ihm feige Flucht anrathend (Vleuch du bist tot). Zuäusserst rechts ein gesattelter und gezäumter Apfelschimmel.

Die Darstellung in A ist klar und mit Hülfe der Spruchzettel leicht verständlich. Am treuesten wiedergegeben findet sich dieselbe in D, während die Copisten der übrigen Handschriften meist das direkte Eingreifen der beiden Laster nicht in gleicher Weise betont haben. In E erscheinen beide Ritter in vollem Kampfe begriffen, ebenso in U, a, b und W. Zu bemerken ist noch die Uebereinstimmung von S und E in der Zufügung eines rundbogigen Thores, in welchem das Pferd erscheint, sowie die Uebereinstimmung von G und E hinsichtlich einer aufrecht stehenden Lanze hinter dem Pferde. Die Annahme liegt nahe, dass G von dem betreffenden Vorbilde, welches Haus und Lanze enthielt, die Lanze, S das Haus und E Beides entnommen hat. In b ist aus Platzmangel das Pferd weggelassen.

87) Fol. 116ª. Als Illustration zu dem Gedanken des Textes (V. 7439 ff.), dass die wahre Ritterschaft nicht im Speerbrechen allein, sondern in der Bekämpfung der Laster bestehe, sehen wir links einen Ritter mit vorgelegter Lanze — wiederum als eine dünne, rothe Linie dargestellt — auf eine Schaar wüst durch einander purzelnder Feinde (der untugent schar) lossprengen. Dieselben, fünf an der Zahl, erscheinen gleichfalls vom Kopf bis zu den Füssen in Eisen gehüllt und ergeben sich widerstandslos in ihr Schicksal: (wir enchomen nimmer auf).

Die Ueberlegenheit des Zeichners von A in der Darstellung derartiger Kampfesscenen, tritt auch hier wieder hervor. In den anderen Mss. ist der Reiter meist als der riche guote (G) bezeichnet, so in G, E, S und b, in U verständiger als: der recht guot man; in W fehlen alle Beischriften, und der Spruchzettel ist leer. Wahrscheinlich ist die Beischrift des Reiters in A vergessen worden, wie denn auch die Bezeichnung der Krieger, als der untugent schar, von einer andern Hand erst nachträglich zugefügt erscheint.

88) Fol. 119ª (s. Tafel V)*). Gottes Gericht nach V. 7631 ff. Der böse

---

*) Die Darstellung von Gottes Gericht aus A ist auf Taf. V durch ein Versehen des Lichtdruckers auf den Kopf gestellt.

Feind — Der valant — in der Gestalt eines bunt bemalten Teufelchens wird von einem senkrecht von oben herabschwebenden Engel mittelst einer langen Hakenstange am Halse hinabgestossen, während von unten aus dem feurigen Höllenschlunde heraus Sin ubel, gleichfalls in der Gestalt eines Teufelchens, ihn an einer um den Hals gelegten Kette herniederzuziehen sucht.

Wir haben in diesem mit geringen Abweichungen in allen übrigen Mss. wiederkehrenden Bilde eine nach zwei Seiten eigenartige Darstellung des Satansturzes vor uns. Neu ist zunächst die durch den Text verursachte Hinzufügung der Personification der Schuld, welche dem Engel beisteht, dagegen vermissen wir jede Charakterisirung des himmlischen Straf-Vollziehers als Erzengel Michael, dem schon in der karolingischen und ottonischen Kunst dies Amt übertragen zu werden pflegte*). Die Unabhängigkeit des Zeichners von O der Tradition gegenüber haben wir bereits mehrfach hervorzuheben Gelegenheit gehabt.

89) Fol. 120ᵃ (s. Tafel V). Als Gegenstück zum vorigen Bilde erscheint Gottes genade, als reich gekleidetes Weib mit Krone und Nimbus innerhalb eines blauen, sternenbesäeten Kreises thronend und einem vor ihr knieenden Manne — Der gut man —, welchen Sin gute geleitet, beide Hände reichend.

Die beiden vorstehend beschriebenen und auf Tafel V wiedergegebenen Illustrationen sind in den übrigen Mss. nicht auf verschiedenen Seiten getrennt, sondern dicht neben einander gestellt, in H und E sogar zu einer zusammenhängenden Darstellung vereinigt. Die Anordnung in O wird wahrscheinlich der von S und G entsprochen haben, so dass das eine Bild seitlich am Rande, das zweite dicht daneben auf dem unteren Rande angebracht war. Der Zeichner von A scheint die Trennung nur aus Platzmangel vorgenommen zu haben. Am freiesten, und zwar nicht zum Nachtheil seiner Darstellung, hat sich der Zeichner von D (s. Tafel V) der Ueberlieferung gegenübergestellt. Derselbe zeigt die Aufnahme des Guten oberhalb einer Wolkenschicht, in welcher der Engel, der den Satan mittelst einer Gabel hinabstösst, mit erhobenem Schwerte nach unten herausfliegend sichtbar wird. Dass hierbei ältere St. Michaels-Darstellungen eingewirkt haben, ist klar. Sein ubel erscheint hier ausserdem nicht als Teufel, sondern als nackte menschliche Gestalt, eine entschiedene Verbesserung, die abermals von dem selbständigen Nachdenken des Zeichners von D zeugt. In der Darstellung von Gottes genade sind zwei Ueberlieferungstypen zu unterscheiden. G und S sind der Anordnung von A gefolgt, während E, H, U, a, b und W die Glorie oder den Himmel weggelassen und die betreffende Figur lediglich durch eine Krone oder sonstwie ausgezeichnet haben. Die Zeichner von U und W verfuhren dabei am naivesten und stellten einen gekrönten Stutzer dar in eng anliegender

---

*) Vgl. F. Wiegand, Der Erzengel Michael i. d. bild. Kunst. Stuttgart 1886.

Modetracht mit Schnabelschuhen und Schellengürtel, wodurch am besten bewiesen wird, dass es ihnen nicht um eine Darstellung Gott Vaters, sondern um eine denkbar ungeschickt ausgefallene Personification der Gnade Gottes zu thun war. Die Einzwängung in ein Bild ist in E eine so gewaltsame, dass der Sturz des Satans dem Formate des Bildes zu Liebe nicht senkrecht, sondern in der Diagonale angeordnet erscheint (s. Tafel V); ähnlich ungeschickt die Anordnung in H.

90) Fol. 121ᵇ. Als Illustration zu den Versen 7797—7800 ist rechts auf einer Holzbank sitzend Der mueʒige man und links vor ihm stehend eine weibliche Figur: ungedanch dargestellt, als Personification der üblen Gedanken, denen der Müssige sich ergiebt. Dieselbe weist nach links (Die haſt du von mir) auf die herannahende mueʒe hin. welche die unmueʒe auf den Schultern trägt (Se daʒ pringe ich dir).

Diese ohne die Beischriften kaum verständliche, reizlose Darstellung findet sich in allen Mss., meist sogar bis auf die einzelnen Gesten übereinstimmend, wieder vor.

91) Fol. 126ᵃ. In freiem Anschluss an die Verse 8054 ff., in welchen abermals gegen die Gewinnsucht geeifert wird, sehen wir in der Mitte des Bildes den Herrn — Ein herre — in der gewöhnlichen Weise thronend und mit der Rechten nach der andern Seite zeigend, wo Girde und Unreht vier grosse, an einer auf den Schultern ruhenden Stange hängende Geldtaschen herbeitragen. Die letztere der beiden Figuren hat ausserdem eine Waage in der Rechten, die erstere einen Spruchzettel: (. . . . . . . din chamer), dessen Anfangsworte nicht mehr zu erkennen sind. Der Sinn ist offenbar: Komm her in die Kammer der Habgierigen. Bösen d. i. in die Hölle. Letztere erscheint zwischen beiden am Boden angebracht, und zwar diesmal (vergl. oben No. 78, 79 und 88) als rothumrändertes Vieleck, in welches zwei grüne Drachen eingezeichnet sind. Auf der andern Seite, als Gegenstück, nahen Milt und Reht, in derselben Weise eine Stange über den Schultern tragend, an welcher Daʒ parbis als eine rothumränderte Scheibe mit eingezeichneten Blumen und Bäumen herabhängt. Das Reht ist gleichfalls mit einer Waage versehen, die Milt trägt den Spruchzettel: (Wil du daʒ ist dir bereit). Die Darstellung erscheint im Ganzen wie in den Einzelheiten völlig frei und unabhängig vom Texte erfunden, ist aber an sich leicht verständlich. Trotzdem sind G und D ausser A die einzigen Mss., in welchen das Vorbild verständig und treu befolgt erscheint, die übrigen zeigen die Darstellung theils aus Unverstand, theils aus Flüchtigkeit derart entstellt, dass ohne einen Vergleich mit den erwähnten Handschriften keines dieser Bilder zu erklären sein dürfte. H macht aus der mit Blumen und Bäumen erfüllten Paradiesesscheibe ein Vierpassrad, lässt die Beischrift weg und wirft die ganze Anordnung durcheinander, E hat als Paradies einen bunten Reifen und als Hölle einen Halbmond, aus dem ein Kopf hervorschaut; ähnlich U und W, welche die Hölle als ein von Wolkenkranse umgebenes Rund und das Paradies als einen grünen Ringel zeigen; der Zeichner von a macht aus der Paradies-Scheibe eine Ausgusspfanne und lässt die Hölle ganz fort. b schliesslich ist

in seiner Flüchtigkeit ganz unverständlich. Die Hauptveranlassung zu dieser Verkennung des Urbildes mag der Umstand gegeben haben, dass Hölle und Paradies dort nicht gleichartig behandelt waren, sondern ersteres am Boden, letzteres an der Stange hängend, als Pendant zu den Geldbeuteln erschien. Die Phantasie des Erfinders reichte nicht aus, um für die Tugend ein Gegenstück zu diesem Verführungsmittel des Lasters zu erfinden. In a ist die eine Waage offenbar aus Platzmangel in die Hand der Girde gelegt, in b ist die Waage links ganz vergessen.

92) Fol. 128ᵃ. Links das Himmelreich als eine mit Sternen erfüllte blaue Scheibe, an welcher rechts seitlich ein Thürmchen mit offen stehender Thür, als Zugang angebracht ist. Der Herr, welcher (nach V. 8241 ff.) dem Volke mit gutem Beispiele wie mit einer Leuchte vorangehen soll, schreitet mit einem Leuchter in der Rechten auf die Himmelspforte zu, sich warnend (Huet euch vor der grueb) nach den hinter ihm herschreitenden Leuten — Daʒ volch — umsehend. Die am Boden vor den Füssen des Volkes angebrachte Grube — Deu grueb — hat merkwürdiger Weise die Form einer Lyra, deren Inneres mit sich kreuzenden rothen Strichen gefüllt ist. Der Vorderste des Volkes trägt den Schriftzettel: (Eeuht wol daʒ wir gefehen).

Der leicht verständliche Vorgang findet sich in allen Mss. in derselben Weise wiedergegeben. Die Grube erscheint dabei meist als schwarzes Loch im Boden, seltener als eimerartiges Gefäss (S und b). Was den Zeichner von A zu der abweichenden seltsamen Form veranlasst haben mag, scheint unerfindlich. Der Himmel ist in den jüngeren Handschriften, ähnlich wie auf früheren Bildern (No. 71, 79, 88 u. 89), als ein mit Wolkenkrausen umsäumtes Kreis-Segment dargestellt und in U und W mit einer geöffneten Thür versehen. S, G und D schliessen sich hierin wiederum mehr oder minder eng an A an. In E fehlt das betreffende Blatt.

93—99) Fol. 138ᵇ und fol. 139ᵃ (s. Tafeln VI und VII). Hier folgt in den Handschriften (mit Ausnahme von S und E, in welchen die betreffenden Blätter fehlen) übereinstimmend eine Reihe von Bildern, welche im Anschlusse an die Verse 8899 ff. Darstellungen der uʒerwelte fiben künfte enthalten. Es handelt sich dabei um sieben unmittelbar auf einander folgende Illustrationen, welche in viereckiger oder runder Umrahmung — nur b macht hiervon eine Ausnahme — sieben ganz gleichartig behandelte Darstellungen der sieben freien Künste geben. Wir geben auf Tafel VI und VII eine Zusammenstellung dieser interessanten Bilderreihe aus den Handschriften A*), G, H und a.

Das erste Bild in A, von den übrigen gesondert auf fol. 138ᵇ, zeigt innerhalb einer rechtwinkeligen, oben in der Mitte bogenförmig erhöhten und mit einem Knopfe bekrönten, blauen Umrahmung links eine sitzende männliche Figur, „Priscian", und

---

*) Aus A konnten wegen Raummangels nur die sechs auf einer Seite zusammen stehenden Darstellungen reproducirt werden.

rechts, gegenüber sitzend, eine weibliche: „Gramatica". Beide halten zwischen sich ein aufgeschlagenes Buch, in welchem die Worte: Philosophi definiunt vocem aerem esse tenu(em) zu lesen sind, dem Beschauer entgegen.

Die übrigen sechs Bilder befinden sich auf der folgenden Seite dicht untereinander am Rande entlang angeordnet und von einer gemeinsamen, lichtbraunen Umrahmung eingeschlossen. Im obersten erscheint „Aristoteles" mit der „Dyaletica", in der oben geschilderten Weise einander gegenüber sitzend und gemeinschaftlich eine Tafel haltend, welche durch die Diagonalen in vier Dreiecke getheilt ist. Jedes derselben enthält eine Inschrift: Omnis nullus contrarie | Contradictorie Subalterne | Subcontrarie quidam quidam non Contradictorie Subalterne. Die Querstriche müssten eigentlich die Worte omnis-quidam non und nullus-quidam verbinden. Dem Zeichner von A ist die Bedeutung dieser Beziehungen jedoch nicht klar gewesen, und so machte er einfache Diagonalen daraus.

Das dritte Bild zeigt „Tullius" mit der „Rethorica". Dieselben halten mit der Rechten ein roth und weiss quadrirtes Schild am Trageriemen zwischen sich empor, während sie die andere Hand an ein Schwert, und zwar Tullius an den Griff, die Rhetorik unten an die Spitze anlegen. Die Beischrift: Age deffende weist auf das Redeturnier hin, welches durch Schwert und Schild versinnbildlicht wird.

Folgt „Euclides" mit der „Geometria", beide ausnahmsweise knieend und mit beiden Händen je einen Kreis so hinhaltend, dass sich der eine mit dem andern ungefähr um ein Drittel überschneidet. Die in die Ueberschneidungsfläche eingezeichnete geometrische Figur erklärt sich durch die Beischrift: Super lineam datam triangulum equilaterum constituere. Es handelt sich somit um die Lösung der bekannten geometrischen Aufgabe: über einer gegebenen Grundlinie ein gleichseitiges Dreieck zu construiren. Der Copist von A hat die Lösung offenbar nicht verstanden, da die Endpunkte der horizontalen Linie nicht mit den Mittelpunkten der beiden Kreise zusammenfallen und die beiden anderen Seiten des Dreiecks keine Radien, sondern Bogenlinien sind.

Das fünfte Bild stellt „Pythagoras" mit der „Arismetica" und zwischen ihnen eine sich treppenförmig nach abwärts verkleinernde Tafel dar, welche als Illustration zu dem Satze: De dupla (statt duplo; dasselbe Verschreiben ist in G, also wahrscheinlich auch in O vorhanden gewesen) nascitur sequaltera, folgende Reihe eingeschrieben enthält:

$$
\begin{array}{ccccc}
1 & 2 & 4 & 8 & 16 \\
 & 3 & 6 & 12 & 24 \\
 & & 9 & 14 & 36 \\
 & & & 37 & . 54 \\
 & & & & 81.
\end{array}
$$

Auch dieses arithmetische Problem hat der Copist offenbar nicht verstanden, wie die beiden falschen Zahlen 14 für 18 und 37 für 27 beweisen.

Die männliche Figur des sechsten Bildes hat die Bezeichnungen: „Milesius", die weibliche: „Musica". Zwischen ihnen ist die „Sonorum proporcio" in der Weise dargestellt, dass auf einem von Beiden gehaltenen Querstreifen die Zahlen 0 8 4 12 stehen, während darüber ein Octav-Bogen „Dyapason" von einem Ende bis zum anderen geschlagen ist. Für Quinte und Quarte sind je zwei sich überschneidende kleinere Bogen von derselben Spannweite oberhalb und unterhalb des Streifens angeordnet. Auch hier tritt die Unkenntniss des Zeichners sowohl in den falschen Intervallzahlen, wie in der Gleichstellung von Quinte und Quarte deutlich hervor.

Den Schluss machen „Ptolomaeus" und die „Astronomia". Sie halten einen grossen Ring zwischen sich, welcher oben an einem Nagel befestigt und mittelst eines verticalen und horizontalen Durchmessers getheilt ist. In demselben erscheint ferner etwas excentrisch ein zweiter Ring mit einspringenden rothen Spitzen, nach Art einer Windrose eingezeichnet. Die Beischrift ist wohl aus Platzmangel weggeblieben. Dieselbe findet sich aber gänzlich übereinstimmend in G, H, D und a und lautet z. B. in G: Accipe solis altitudinem et ascensum considera. Auch diese Darstellung hat der Zeichner von A so unverstanden copirt, dass die ursprüngliche Anordnung in O nicht mehr zu erkennen ist.

Ein Vergleich der vorstehend beschriebenen Illustrationen in A mit dem Texte lässt erkennen, dass der Zeichner des Urbildes in freier Weise entweder aus dem Schatze seines eigenen Wissens die Beispiele zur Charakterisirung der betreffenden Künste selbstständig hinzugefügt hat, oder dass ihm von gelehrter Seite entsprechender Beistand zu Theil geworden ist. Im Texte werden lediglich die sieben Künste mit Hauptvertretern aus dem Alterthume namhaft gemacht (V. 8937 ff.). Der Zeichner von O hat sich unter letzteren jedesmal einen Namen herausgesucht und dabei die Reihenfolge etwas verändert. Alles Uebrige erscheint als freie Zuthat.

Suchen wir nach einer Quelle, aus welcher der Zeichner der Urbilder geschöpft haben könnte, so dürfte in erster Reihe die dem Boëthius zugeschriebene lateinische Uebersetzung der Euklidischen Geometrie in Betracht kommen. In der Friedlein'schen Ausgabe*) finden sich auf pag. 390 Aufgabe und Lösung des geometrischen Problems mit der zugehörigen Zeichnung gerade wie auf unserem vierten Bilde, ebenso ist in der Institutio Arithmetica (ed. Friedlein pag. 81) und in der Institutio Musica (ed. Friedlein pag. 235) das arithmetische Beispiel unseres fünften Bildes in derselben Weise veranschaulicht. Die Aufzeichnung des musikalischen Intervallen-Schema's dürfte gleichfalls auf das letztgenannte Werk des Boëthius oder auf die Arithmetik des Nikomachus**) zurückzuführen sein.

---

*) Lipsiae 1867.

**) ed. R. Hoche, Lipsiae 1866, pag. 136. Einen direkten Zusammenhang mit dem Werke des Martianus Capella: De nuptiis Philologiae et Mercurii, welches Piper (Mythologie der christlichen Kunst,

Hatte schon der dem Urbilde nächst stehende Copist von A, wie wir gesehen haben, aus Unverstand mancherlei Verdunkelungen und Entstellungen veranlasst, so ist dies bei den durchschnittlich weit sorgloser verfahrenden jüngeren Copisten in noch höherem Maasse der Fall. Verhältnissmässig noch am sorgsamsten erscheint der Copist von G (s. Tafel VII). Zwar wird im ersten Bilde der Gegenstand der Definition der Philosophen ganz fortgelassen (es heisst dort ebenso wie in H nur: philosophi diffiniunt), zwar wird im fünften wiederholt eine falsche Zahl eingeschrieben und die Bezeichnung Quarta auf dem sechsten Bilde ganz fortgelassen, die übrigen Fehler erheben sich aber nicht über das Niveau derer von A. In den übrigen Handschriften erscheint durchgehends, mit Ausnahme von b (s. unten), der reine Unsinn. Hatten G und H (s. Tafel VII) auf dem Bilde der Philosophie nur den ersten Theil des ursprünglichen Satzes wiedergegeben, so fügen a (s. Tafel VI), U und W ganz naiv ein „et cetera" hinzu, während D die Inschrift ganz weglässt. Im zweiten Bilde ist meist unter Beibehaltung der falschen Diagonalstriche richtig copirt worden, ebenso im dritten Bilde. Hier zeigt nur H eine sinnentstellende Aenderung (s. Tafel VII). Das vierte Bild ist am ärgsten entstellt in U und W (wo dasselbe an zweiter Stelle erscheint) wiedergegeben. Statt des gleichseitigen Dreiecks am oberen Schneidepunkt der Kreise erscheint ein glockenartiger Gegenstand aufgehängt; ähnlich in a. H zeigt als gänzlich sinnlose Spielerei zwei sich durchdringende Vierpässe. Die Zahlenreihe der folgenden Darstellung ist auch nirgends richtig wiedergegeben. Die sich natürlich ergebende treppenartige Anordnung ist zwar in G und D beibehalten, die eingeschriebenen Zahlen sind aber durchaus willkürliche. In H und a ist die treppenartige Form des Schema's aufgegeben und eine beliebige Zahlenfolge auf einer viereckigen, in Unterabtheilungen eingetheilten Tafel aufnotirt. Das folgende Intervallen-Schema ist durchweg ohne Verständniss copirt; in U und a sind sogar die Notenzahlen auf den horizontalen Streifen weggelassen. Dafür giebt D die Scala: ut re mi fa sol la. Eine auffällige und die enge Verwandtschaft abermals beleuchtende Uebereinstimmung tritt bei U, a und W auf. Alle drei haben nämlich unten im diatessaron-Bogen eine gothische Nasen-Verzierung, die rein als Spielerei aufzufassen ist und sonst nirgends an dieser Stelle vorkommt. Das letzte Bild ist überall gleich unverständlich, am sinnlosesten in H copirt.

Wir sehen somit, dass es den Copisten im Allgemeinen gar nicht darauf ankam, den Lesern klare Bilder von den betreffenden Problemen und deren Lösungen, wie solche in O gegeben waren, vor Augen zu führen: dieselben begnügten sich damit, ungefähr die äussere Form des Vorbildes wiederzugeben, also mit einer gelehrt aussehenden Spielerei, welche der Durchschnittsbildung ihrer Zeit vollauf Genüge that. Der einzige Zeichner, welcher diesen Dingen selbständig gegenüberzutreten wenigstens versuchte, war der von b. Statt der

---

Weimar 1847, I. 242) als das Handbuch des Mittelalters in den 7 freien Künsten bezeichnet, hat der Verfasser nicht entdecken können.

verstümmelten Stelle: Philosophi definiunt, schreibt er auf die Seiten des von Priscian und der Grammatik gehaltenen Buches: Octo sunt partes orationis, Constructio est dupla (?) und verbindet auf der Tafel des folgenden Bildes an Stelle der unsinnigen Diagonalen mit richtigen Strichen die betreffenden contradictorisch sich gegenüberstehenden Begriffe. Lässt er es nun auch bei diesen beiden Besserungsversuchen bewenden, so verzichtet er andrerseits bei den übrigen fünf Bildern auf sinnloses Copiren der unverständlichen Vorbilder und zeichnet nur andeutungsweise die betreffenden Linienschemata ohne jede Zahl und Beischrift ab.

Dass die Darstellung der sieben freien Künste bereits in der carolingischen Kunst heimisch war, ja sogar mit einer gewissen Beliebtheit in derselben zur Verwendung gelangte, geht schon aus den erhaltenen titulis eines Theodulf und Hibernicus exul deutlich hervor[*]. Auf uns gekommen scheint aus jener Zeit nur die einzige Darstellung in dem Ms. der Köngl. Bibliothek zu Bamberg (Cod. H. j. IV. 12), welches die Arithmetik des Boëthius enthält. Hier erscheinen, der Beschreibung H. Janitschek's zufolge[**], „die vier Vertreterinnen der sieben freien Künste mit ihren Symbolen dargestellt: die Musica mit der Lyra, die Arithmetica mit der Zählschnur, die Geometria mit dem Zirkel, die Astrologia mit zwei Füllhörnern, von welchen das eine weisses, das andere rothes Feuer enthält — was ein Hinweis auf Sonne und Mond ist". Von dort ab lässt sich die Darstellung dieser allegorischen Figuren das ganze Mittelalter hindurch verfolgen, wobei dieselben theils vereinzelt auftreten, wie auf den um das Jahr 1200 ausgeführten Quedlinburger Teppichen, sowie in zahlreichen Mss. dieser Zeit, theils in vollständiger Reihe, wie z. B. in dem um das Jahr 1175 verfertigten Hortus deliciarum der Herrad von Landsperg (um die Philosophie als Mittelpunkt radial herumgruppirt), oder (als Wandgemälde) in der unteren Hofhalle des Tiroler Schlosses Runkelstein (Ende XIV. s.). Im Herrad-Codex war jede der Frauengestalten durch ein betreffendes Attribut charakterisirt: die Grammatik durch ein Buch, die Rhetorik durch Wachstafeln und Stilus, die Dialektik durch einen bellenden Hundskopf, die Musica durch Harfe, „Organistrum" und Lyra, die Arithmetik durch Rechenschnur, die Geometrie durch Messstange und Zirkel, die Astronomie durch Sterne und ein Maassgefäss[***]. Von allen diesen Symbolen konnte in unserem

---

[*] Vgl. darüber: P. Leitschuh, Der Bilderkreis der Carolingischen Malerei. Bamberg 1889. I. Theil. S. 59 f.

[**] Auf S. 84 der neuen, prächtigen Publication der Gesellschaft für Rheinische Geschichtskunde, welche die Trierer Ada-Handschrift zum Gegenstande hat (Leipzig 1889).

[***] Vgl. Taf. XIbis der grossen bei Trübner in Strassburg erscheinenden Ausgabe des Hortus, veranstaltet von der Société pour la conservation des monuments historiques d'Alsace. Texte explicatif par le chanoine A. Straub. In der Auffassung der Herrad sind die sieben freien Künste Erzeugnisse des heiligen Geistes. Ueber die Bedeutung derselben für das Mittelalter s. F. Piper, Monumentale Theologie. Gotha 1867. S. 552.

Falle abgesehen werden, weil die angebrachten Schemata- und Aufgaben-Tafeln die betreffende Figur hinlänglich kennzeichnen. So originell diese Charakterisirung ist, so wenig künstlerisch wirkt dieselbe, zumal auch die als Hauptvertreter der sieben freien Künste hinzugefügten Geisteshelden als Gegenstücke recht kläglich ausgefallen sind.

100) Fol. 154ᵃ. Links Trewe und Mazze, rechts gegenüber stehend Unmaze und Untrewe; alle vier ein langes Stück Zeug vor sich haltend, welches Mazze mittelst einer Elle misst. Zuäusserst rechts eine fünfte Figur, abermals als Unmaze bezeichnet, in lebhafter Bewegung, mit fliegenden Haaren, wie in tollem Tanze begriffen. Die Spruchzettel der Tugenden: (Ich maze imz hart wol) und (Nu tu im sin recht), sowie die der Laster: (Ubergreif mit der haut) und (Swige daz siz iht horen) kennzeichnen das verschiedene Verhalten bei Vornahme der Messung. Unser Bild bezieht sich auf die Verse 9935 ff., in denen der Dichter das Maasshalten in dem Sinne des richtigen Maass-Anlegens an das Können und Wollen als Hauptgrundsatz hinstellt. Der Künstler überträgt in gewohnter Weise die abstracten Vorstellungen in's Concrete und zeigt uns vier Frauenzimmer mit dem Messen eines Stückes Tuch beschäftigt; die Einen gehen ehrlich zu Werke, während die Anderen diese zu übervortheilen suchen.

Die fünfte Figur erscheint als unverständlicher und überflüssiger Zusatz und ist in b verständigerweise ausgefallen. Der Zeichner von H hat durch Weglassung des Gegenstandes der Messung das Verständniss erschwert. Im Uebrigen ist in den Mss. das Vorbild auf's Genaueste wiedergegeben.

101) Fol. 157ᵇ. Vor einer von zwei Thürmen flankirten und mit dreigetheiltem Bogen geschlossenen Oeffnung eines Gebäudes, innerhalb dessen ein Altar mit Kreuz und darüber hängender Lampe sichtbar wird, kniet ein Mann mit vor der Brust gekreuzten Armen. Er wendet sich mit dem Oberkörper herum zu dem Verführer, welcher ihm von hinten die Hand auf die Schulter legt, und weist standhaft (Beit ein weil) die Versuchung desselben (Wol dan ze dem tanze) zurück.

Auch hier ist wieder ein praktischer Fall für eine abstrakte Vorstellung gewählt. Der Dichter betont, dass in allen Dingen, auch in der Ausübung des Guten, z. B. des In-die-Kirche-Gehens und Betens, Maass zu halten sei, da Unmaass und Uebertreibung selbst eine gute Handlung in ihr Gegentheil verkehren könnten (V. 10203 ff.); der Illustrator greift die eine Handlung, das Beten, heraus, entwirft aber darnach eine Zeichnung, deren Inhalt dem Grundgedanken der Dichtung in keiner Weise gerecht wird.

Die Abweichungen der übrigen Mss. von der Darstellung in A beziehen sich fast ausschliesslich auf das Aussehn der Kirche. Theils erscheint eine ganze Basilica (in a), in welche man durch einen grossen Thorbogen hineinblickt oder vor welcher der Altar errichtet ist (in G, U und W), theils ein hallenartiges Gebäude (in E und D) mit seitlichem Anbau (S). Hervorzuheben ist abermals (D macht hierin eine Ausnahme) das Bestreben der Copisten, die älteren romanischen Formen, wie solche das Urbild enthielt, nachzubilden und die mittlerweile eingebürgerten gothischen Formen nach Möglichkeit zu unterdrücken. Nur unwillkürlich drängt sich hier und da ein spitzbogiger Abschluss oder ein gothischer Dreipass ein. In einer Zeit, welche in Bezug auf das Zeitcostüm sich die weitestgehenden Freiheiten gestattete, erscheint dieser Vorgang doppelt bemerkenswerth (s. oben S. 4). Bezüglich der Perspektive stehen auch in diesem Falle fast alle Bilder auf der denkbar niedrigsten Stufe, a höchstens ausgenommen, dessen Zeichner trotz vieler Fehler wenigstens Spuren einer Kenntniss der Linien-Perspektive verräth.

102) Fol. 173ᵇ. Auf grüner Fluth erscheint ein Nachen, welchen ein links am Ende sitzender Alter als Steuermann mit dem Ruder lenkt. Derselbe weist zwei an der Spitze des Nachens mit Geldtaschen in der Hand dastehende Jünglinge, welche einzusteigen begehren (Crewen ich beleibe niht), mit ausgestreckter Hand zurück, während ein Dritter, gleichfalls mit einem Geldbeutel versehen, bereits Platz genommen hat (Ja bin ich der erſt geweſen). Zuäusserst links ein Tisch, auf dem eine Anzahl (blauer) Geldstücke liegen.

Vergleicht man diese Darstellung mit dem nebenstehenden Texte, so findet sich gar kein innerer Anhaltspunkt. Der Dichter warnt davor, dass man den Ketzern und bösen Menschen Einfluss auf das eigne Handeln einräume. Solche Leute riethen z. B. auch ab, die Fahrt über's Meer, d. h. in's heilige Land, zu thun, unter dem Hinweise, dass die Reise kostspielig und nicht gewinnbringend sei. An diese Erwähnung einer Seefahrt knüpft der Zeichner, wie so oft, rein äusserlich an und zeigt uns eine Scene des gewöhnlichen Lebens: wie ein Führmann wegen mangelnden Platzes die später Kommenden trotz Geldversprechens von der Fahrt ausschliesst. Der Geldtisch links soll wohl den am Ziele der Fahrt winkenden Lohn andeuten. Wir haben somit abermals ein Beispiel einer nur die Oberfläche des Textes streifenden Illustrationsweise vor uns, der es um den Ausdruck des Sinnes der betreffenden Stelle gar nicht zu thun war.

Bis auf H und D haben alle anderen Mss. die Abweichung, dass nur der Führmann im Nachen erscheint; ausserdem ist statt des Geldtisches meist eine geöffnete Geldkiste dargestellt, in E und b keines von beiden, in H statt dessen ein thurmartiges, kleines Bauwerk. Auch im Text der Schriftbänder treten mancherlei Abweichungen auf, was, wie wir gesehen haben, in der Regel als ein Beweis für die Undeutlichkeit und Unverständlichkeit des Originals betrachtet werden kann. In S fehlt das betreffende Blatt.

103) Fol. 195ᵇ. In freiem Anschlusse an V. 12761 ff., worin der Grundsatz gepredigt wird, dass man nicht Richter von Anderer Fehler sein, sondern die eigenen Mängel erkennen solle, erscheint zuäusserst links auf einem Klappstuhle, mit übergeschlagenen Beinen (diese Beinverschränkung wird im alten Soester Recht für den sitzenden Richter direkt vorgeschrieben) und aufgestützten Händen Der hoffertige man in selbst-

bewusster Ruhe thronend und geradeaus vor sich hinblickend. Sein Kleid ist grün und roth gestreift, ein verziertes Barett schmückt das Haupt. In kleinem Abstande rechts neben ihm sitzt abgewendet auf einem Schemel ein Mann, der mit herumgedrehtem Oberkörper die weiter rechts stehenden Laster auf den Hoffährtigen aufmerksam macht (Wi hohfertich der ist). Diese nähern sich mit vorgehaltenen Waffen: voran der zorn (Jch erman dich min) mit einer Keule, dahinter die trunchenheit (Jch bin hie mit den) mit Schwert, und zuäusserst rechts die unchewsse (Jch chum nimmer von dir) mit langer Lanze. Der Sinn dieser Anordnung, dass die Laster mit der Hoffahrt eng verbündet sind, steht somit abermals mit dem Gedankengange des Textes ausser jeder Berührung.

In den übrigen Mss. in derselben Weise wiederkehrend, mit der Abweichung, dass der Hoffährtige stehend mit einer Krone dargestellt ist. Nur D zeigt ihn sitzend wie A, abermals ein Anhaltspunkt für die enge Verwandtschaft beider Mss. Der Zeichner von a hat den im Texte ausgesparten Raum unbenutzt gelassen.

Hier endet E.

104) Fol. 210ª. Wie das Gesinde beim Verlassen des Hauses vor der Frau aus der Thür herauszugehen pflegt, so kommt auch die Milte gewissermassen als der tugende prowe (V. 13 694) hinter den Uebrigen her. Als Illustration zu diesem schönen Gedanken sehen wir aus dem zinnengekrönten Thore eines schlossartigen Baues Deu milt, in einen Mantel gehüllt, als Herrin sittsam herausschreiten und vor ihr drei Frauengestalten — Deu tugent — wie Dienerinnen vorangehend.

In G trägt die vorderste Gestalt einen grünen Zweig, in D eine Art Fahne. Die Handbewegung derselben in A lässt darauf schliessen, dass der Zeichner nur vergessen hat, ihr gleichfalls etwas derartiges in die Hand zu geben. In Bezug auf die Behandlung der Architektur gilt das oben (S. 69) Gesagte. Am sorgsamsten verführt wiederum der Zeichner von a, der eine mannigfach gruppirte Wasserburg darstellt, während in U ein kleines Felsenschloss erscheint.

105) Fol. 218ᵇ. In der Mitte der unfreundliche Geber, welcher trotz der Aufforderung der rechts neben ihm stehenden Milte (Gib iz im gutlichen) sich zu einer von links nahenden und ihn um eine Gabe anflehenden Person (Sihe gibe mir daz) mit heftiger Geberde (we nim iz aller heiligen haz) umwendet.

Diese im Anschlusse an die Verse 14 317 ff. entstandene Illustration kommt nur noch, und zwar in ganz ähnlicher Weise, in D vor. S zeigt statt dessen in zwei Bildern auf fol. 93ᵇ und 94ª, wie der Geber unter dem Einflusse der Milte freudig, und andererseits, wie derselbe unter Thränen, widerwillig seine Spende ertheilt. In U, a und W ist übereinstimmend ein Stück von 820 Versen, welches die auf unsere Darstellung bezügliche Stelle enthält, ausgefallen, merkwürdiger Weise aber in U und a nur für ungefähr 85 Verse, im letztgenannten Ms. gar kein Platz gelassen. Die Handschriften G und b, welche im Text vollständig sind, zeigen für unser Bild gar keinen Raum ausgespart, und es ist daher nicht wahrscheinlich, dass die Darstellungen in A und D oder die in S auf ein entsprechendes Vorbild in O zurückzuführen sind. Dagegen gehörte die folgende in allen Mss. wiederkehrende Illustration zweifellos auch dem Original-Ms. an.

106) Fol. 224ᵇ. Der Dichter schliesst sein Gedicht mit dem Hinweise darauf, dass seine Lehren bei bösen Menschen wohl schwerlich Eingang finden würden; es sei dies ebenso aussichtslos, wie wenn man dem Wolfe das Pater noster einstudiren wollte; derselbe werde doch nur immer lamp, lamp (der Ausdruck des Bellens, zugleich die Gier nach dem Lamme kennzeichnend) herausbringen*). An diesen Vergleich knüpft der Zeichner an und stellt links einen Mann auf einem Schemel sitzend dar, der mit erhobener Rechten eine Geissel schwingt, während er mit der Linken dem vor ihm liegenden Wolfe einen Zettel, auf dem die Worte: pater noster zu lesen sind, mit der Aufforderung zum Nachsprechen hinhält (Sprich drate). Der Wolf kehrt sich, ohne darauf zu achten, mit dem Kopfe nach hinten, wo ein unter einem Baume grasendes Lamm sichtbar wird. Aus dem Maule des Wolfes geht ein Zettel mit: (Lamp, lamp) hervor.

Die Anordnung ist klar verständlich und von den Copisten von G. S. D. U. b und W auf's Treueste nachgeahmt. Nur der Zeichner von a hat das charakteristische Herumschielen des Wolfes nach seinem Opfer unbeachtet gelassen.

Der Bilderkreis in A und D geht hier zu Ende; nicht so in den übrigen bis zum Schlusse erhalten gebliebenen Handschriften: S. G. H. a, b und W. (Wegen der engen Uebereinstimmung von W und U kann man mit Sicherheit annehmen, dass die Schlussbilder auch in U auf dem herausgerissenen Blatte vorhanden gewesen sind.) Hier findet sich theils in unmittelbarem Anschlusse an die letzte Zeile des Textes (H. a. b und W), theils gesondert auf dem folgenden Blatte (S und G) zunächst eine Reihe von fünf Bildern, welche, dem in den Einleitungsbildern geschilderten Kampfe entsprechend (s. oben S. 17), den Triumph der Tugenden zur Anschauung bringen.

Den Anfang macht eine Darstellung, wie Diu tugend die Huldigung der sich ihr nahenden Haupttugenden: Stete, Recht, Mazze und Milt, welche, wie Lebensträger, Schild und Schwert auf den Stufen des Thrones niedergelegt haben, in feierlicher Weise empfängt. Hieran schliessen sich vier Bilder an, welche jede dieser vier Haupttugenden an einer Tafel sitzend darstellen, während je zwei Untertugenden denselben beim Mahle aufwarten. Zunächst (nach G): die Stete mit Sicherheit und warheit, dann Daz recht mit Zuocht und

*) Das Wort lamp als Sprache des Wolfes kommt gleichfalls vor in der um die Mitte des XIII. Jahrhunderts entstandenen Dichtung des Reinbot von Turn, welche das Leben des Heiligen Georg behandelt. (Deutsche Gedichte des Mittelalters, herausg. von v. d. Hagen u. Büsching. Bd. 1. V. 1145). Es heisst dort:
Ir tut ⸗am der wolff
Der spricht lamp, was jmmat tut.

beſcheidenheit, die Maʒʒe mit Diu unuot und chiuſche und ſchliesslich die Milte mit liebe und triuwe.

Der Copiſt von H hat nur das erſte dieser Bilder wiedergegeben; in a ist die Reihenfolge etwas verändert und hier und da eine andere Untertugend eingeführt, ebenso in b, wo ausserdem eine der Darstellungen aus Flüchtigkeit übersprungen ist. Im Uebrigen ist aber deutlich der Einfluss eines gemeinsamen Vorbildes bei allen hier in Frage kommenden Mss. zu erkennen.

Dasselbe ist bei dem Schlussbilde der Fall, welches im Gegensatze zu den vorhergehenden fünf Bildern den Reigen der nach der Flöte der Untugent tanzenden Laster darstellt; übereinstimmend in S, G, a und W. Die Zeichner von H und b haben dasselbe nicht mit aufgenommen. Wir sehen in der Mitte eines grösseren Kreises eine kleine Scheibe, in welcher die Untugent als nackter Kobold mit einer Zipfelkappe auf dem Haupte und auf einem Horne blasend, in hockender Stellung abgebildet ist. Rings herum sind in radialer Anordnung die Laster zu sehen, 16 an der Zahl (ähnlich wie im Codex der Herrad), sich gegenseitig wie beim Reigentanze im Kreise die Hände reichend. Die Reihenfolge der Namen: ruom, unrecht, trunchenheid, roup, gewalt, unmaʒʒe, ubermuot, truogenheit, huorgeluſt, unſtete, girde, erge, wuocher, neit, ʒorn, luoge (G), ist überall dieselbe, nicht so das Geschlecht der einzelnen Laster-Persönlichkeiten. In S überwiegt das männliche, in a das weibliche, während in G und W eine ziemlich gleichmässige Vertheilung vorhanden ist. Für die Strenge, mit der das Vorbild im Uebrigen befolgt worden ist, zeugt der Umstand, dass der ruom übereinstimmend völlig unbekleidet erscheint, wozu offenbar Vers 227 (s. unten S. 82) die Veranlassung gegeben hat.

Ob diese sechs Schlussbilder, ebenso wie die oben besprochenen sechs Anfangsbilder zu dem Original-Cyklus gehört haben oder nicht, dürfte kaum zu entscheiden sein. Es fällt schwer, anzunehmen, dass der fleissige Copist von A diese Illustrationen einfach fortgelassen und die Bilderreihe des Originals am Ende derartig verstümmelt haben sollte. Gehören diese Bilder aber nicht zur Originalreihe, so muss die Aufnahme derselben jedenfalls bereits in einer der ältesten Tochter-Handschriften von O erfolgt sein, da die betr. Handschriften, welche diese Darstellungen enthalten, theils dem XIV., theils dem XV. Jahrhundert angehören und nachweislich in keinem direkten Zusammenhange unter einander stehen. Für das hohe Alter dieser eventuell an die Stelle von O getretenen Tochter-Handschrift würde auch der Umstand sprechen, dass die Anordnung des letzten Bildes an die im XIII. Jh. so beliebten Rad-Formen (Glücksräder, Zeiträder u. dergl.)[*] anknüpft.

---

[*] Vgl. des Verfassers „Miniaturen" u. s. w. I. 83, Anmkg.

III.

RESULTATE DER VERGLEICHENDEN KRITIK DES BILDERKREISES.

— · —

Als Hauptresultat des vergleichenden Studiums der erhaltenen Bilder - Handschriften des wälschen Gastes hat sich die Richtigkeit unserer im Voraus aufgestellten Behauptung (s. oben S. 15), dass der Bilderkreis aller Handschriften auf ein gemeinsames Vorbild mehr oder minder unmittelbar zurückzuführen sei, mit unumstösslicher Gewissheit ergeben. Unsere Untersuchungen konnten sich natürlich nur auf die uns erhalten gebliebenen zehn illuminirten Handschriften beziehen, welche nur einen geringen Bruchtheil der Abschriften dieser im Mittelalter sehr beliebten und verbreiteten Dichtung vorstellen, dennoch dürfen meines Erachtens die gewonnenen Resultate unbedenklich verallgemeinert und als für alle, auch die verloren gegangenen Handschriften gültig betrachtet werden. Es erscheint mir wenigstens ausgeschlossen, dass die constatirte Uebereinstimmung zufällig nur bei diesen zehn, noch dazu zeitlich und örtlich in ihrer Entstehung so weit auseinander liegenden Mss. vorhanden gewesen und von einem andern Bilderkreise keine Spur auf uns gekommen sein soll*).

Fassen wir kurz die in Vorstehendem gewonnenen Gründe für unsere Annahme zusammen:

1) Die Auswahl und Reihenfolge der Bilder ist in allen Handschriften dieselbe.

Die Zahl der Illustrationen in der verloren gegangenen Original-Handschrift lässt sich nachträglich nicht mehr mit Sicherheit ermitteln. Die Verschiedenheiten, welche in dieser Beziehung in den erhaltenen Mss. vorkommen, rühren theils daher, dass einige der-

---

*) Das oben (S. 1) erwähnte Carlsruher Ms. liefert durch die Zahl und den Ort der für die Illustrationen im Texte ausgesparten Stellen einen weiteren Beleg für die Allgemeingültigkeit des Vorbildes. Die Illustrationslücken entsprechen nämlich hinsichtlich der Zahl und des Ortes dem Bilderkreise der übrigen Handschriften und schliessen sich somit gewissermassen als stumme Zeugen an.

selben besonders zu Anfang und zu Ende unvollständig sind, theils daher, dass der Copist in Ausnahmefällen das eine oder andere Bild übergangen oder andererseits die Bilderreihe mit selbständigen Zusätzen versehen hat.

Am vollständigsten von den Pergament-Handschriften enthält G den Cyklus, welche, die zwölf Einleitungs- und Schlussbilder eingerechnet, 119 Illustrationen aufweist. Hierauf folgt H mit 113 Bildern; es fehlen die No. 31, 50 und 78, sowie fünf von den Schlussbildern, dafür sind drei Bilder hinter No. 78 eingefügt und No. 88 und 89 in eine Darstellung zusammengezogen. A enthält 106 Bilder; zwischen No. 57 und 58 sind zwei Bilder, zwischen No. 58 und 59 ein Bild weggefallen, dafür aber No. 59 und 105 selbständig zugesetzt: Einleitungs- und Schlussbilder fehlen. S weist wegen Unvollständigkeit zu Anfang und im Innern nur 92 Darstellungen auf, von denen ausserdem zwei (hinter No. 104) als selbständige Zusätze erscheinen. Aus demselben Grunde enthält E nur 69 Bilder, welche ohne Auslassungen oder Zusätze sich dem normalen Cyklus anschliessen.

An der Spitze der Papierhandschriften steht hinsichtlich der Vollständigkeit des Bilderkreises die Wolfenbütteler W. Dieselbe enthält nur ein Bild weniger (hinter No. 103) als G; darauf folgt die grosse Heidelberger a, welche 117 Bilder bietet und mit G verglichen nur zwei Lücken aufweist: die eine unter den Einleitungsbildern, die andere bei No. 103; b hat nur 110 Bilder, trotzdem das Ms. vollständig erhalten und mit Einleitungs- und Schlussbildern versehen ist. Der Ausfall rührt daher, dass der Copist in seiner Flüchtigkeit wiederholt Illustrationen übergangen hat. U und D enthalten dieselbe Anzahl Bilder: 110. In ersterem fehlen nur die Schlussbilder ganz und die Einleitungsbilder zum Theil, in letzterem ist dasselbe der Fall, ausserdem fehlt aber noch No. 25; dafür ist jedoch hinter No. 39 eine Darstellung selbständig zugefügt.

2) Die Uebereinstimmung der Bilder in den verschiedenen Handschriften offenbart sich nicht nur in der allgemeinen Anordnung der Figuren und Gegenstände, sondern lässt sich bis in Einzelheiten hinein verfolgen.

Als Hauptbeispiele nach dieser Richtung verzeichnen wir die No. 3, 8, 10, 18, 19, 20, 24, 32, 49, 55, 58, 61, 62, 66, 67, 73, 80, 90, 106.

3) Die Beischriften und Schriftzettel der Bilder sind in allen Handschriften gleichlautend.

Diese Uebereinstimmung geht so weit, dass sogar offenbare Fehler und Verwechselungen (so z. B. bei No. 18) aus O in alle späteren Handschriften übergegangen sind. Die vorhandenen Abweichungen rühren meistens aus Flüchtigkeit und Unverstand her, nur zum kleinsten Theile sind dieselben mit Absicht zur Verbesserung (?) der Vorlage vorgenommen. Am eigenmächtigsten ist in dieser Beziehung der Copist von H, frei-

lich nicht zu Gunsten der Deutlichkeit seiner Illustrationen, verfahren, am vernünf-
tigsten der von b.

Schwieriger als diese Constatirung der Uebereinstimmung ist die Frage nach dem
Grade der Abhängigkeit der einzelnen Mss. von der Original-Handschrift und der Verwandtschaft derselben untereinander.

Zunächst ist die Annahme einer direkten Benutzung einer und derselben Vorlage für sämmtliche Mss., abgesehen von den hier nicht zu erörternden sprachlichen
Gründen, allein schon im Hinblicke auf die zeitlichen und örtlichen Entfernungen, welche
die Handschriften von einander trennen, ganz auszuschliessen. Ausserdem würde auch
die in einzelnen Handschriften wiederholt vorkommende Uebereinstimmung in den Abweichungen von O einer solchen Annahme direkt entgegenstehen. Aus verschiedenen,
oben bei Besprechung der Bilderreihe an den entsprechenden Stellen angeführten Gründen ist aber nicht einmal für ein einziges der vorhandenen und von uns benutzten Mss.
eine direkte Benutzung des Originals anzunehmen, weder für G. welches den Cyklus am
vollständigsten bewahrt hat, noch für A, welches dem Originale textlich und zeitlich am
nächsten steht. In Uebereinstimmung mit den aus der Textkritik gewonnenen Resultaten
lässt sich ferner auch bei keiner unserer Handschriften ein direkter Zusammenhang mit
einer der übrigen nachweisen. nur zwischen U und W erscheint ein solcher als sehr
wahrscheinlich. Die sich in verschiedene Arme spaltende Kette, welche die Bilderreihen
der Handschriften des wälschen Gastes verknüpft, geht für uns von einem unbekannten
Ursprungsorte, dem verloren gegangenen Original-Codex O. aus und ist im weiteren Ver-
laufe, mit Ausnahme von U und W. nur noch in getrennten, zusammenhangslosen Gliedern constatirbar. Jedes unserer Mss. A. S. G. E. H. D. a. b bildet ein solches ohne
direkten vorderen oder hinteren Anknüpfungspunkt vorhandenes Glied. Da das Gedicht
des Thomasin im späten Mittelalter sich grosser Beliebtheit erfreute und in Folge dessen
in zahlreichen Abschriften verbreitet gewesen ist. so liegt in dieser Thatsache, dass die
spärlichen auf uns gekommenen Ueberbleibsel isolirt dastehen, an und für sich nichts be-
fremdliches; die Mittelglieder sind eben verloren gegangen. Dennoch können wir zwischen einigen Handschriften wenigstens einige weitere oder nähere Verwandtschaftsgrade
feststellen, welche uns berechtigen, von Handschriften-Familien unter den Mss. des wälschen Gastes zu sprechen.

Eine enge Verwandtschaft zeigen zunächst A und G. welche zeitlich nur etwa
ein halbes Jahrhundert auseinanderliegen, deren Dialekte aber zwei völlig verschiedenen
Sprachgebieten angehören. Wiederholt haben wir die auffallendsten Uebereinstimmungen
zwischen beiden Bilderreihen hervorzuheben gehabt (s. No. 4. 6. 8. 10. 14. 19. 20, 21,
23. 24. 26. 27. 31. 32. 38. 39 u. s. f.). Es wäre nun denkbar, dass der Codex A durch
irgend welche Umstände nordwärts in die ostfränkischen Lande verschlagen und dort

10*

vom Schreiber des G copirt worden wäre, verschiedene Einzelheiten in den Bildern selbst sprechen aber zu deutlich gegen jede derartige Abhängigkeit der älteren von der jüngeren Handschrift.

Betrachten wir z. B. No. 26 (in A auf fol. 29^b, in G auf fol. 38^b). Die Uebereinstimmung ist eine so auffallende, dass die Annahme einer direkten Uebertragung als das Nächstliegende erscheint. Nun aber trägt in G der Bösewicht eine Keule über der Schulter (dieselbe auch in H. C. D. b und W), während derselbe in A nur eine entsprechende, an und für sich zwecklose Arm- und Handbewegung macht; die Keule fehlt. Der Zeichner von G entnahm letztere somit aus einer anderen Handschrift, welche diese Einzelheit aus O richtig überliefert hatte, während dieselbe vom Zeichner von A übersehen worden war. Ein zweites Beispiel bietet No. 44. A ist die einzige Handschrift, welche die Figur links vom reichen Manne, die in G und in allen übrigen Mss. vorkommt, nicht enthält, kann also G unmöglich darin zum Vorbilde gedient haben. Schliesslich enthält G drei Bilder, die in A ganz fehlen (s. hinter No. 57 und 58), während letztere Handschrift ihrerseits zwei Bilder aufweist (No. 59 und 105), welche in G nicht vorhanden sind. Eine direkte Abhängigkeit ist somit ausgeschlossen, dagegen bleibt die engste Familienverwandtschaft bestehen.

In derselben Weise ist die Dresdener Papierhandschrift D mit A, abgesehen von der nahen textlichen Uebereinstimmung, auch in Bezug auf den Bilderkreis nahe verwandt, in mancher Beziehung sogar trotz des grösseren zeitlichen Zwischenraumes noch enger als A mit G. So findet sich z. B. das Bild No. 105 ausser in A nur noch in D wieder, ebenso kommen mehrere charakteristische Eigenthümlichkeiten der Darstellungsweise nur in diesen beiden Handschriften vor (s. No. 6, 14, 23, 26, 27, 42, 44, 48, 49, 57, 65, 70, 85, 91, 92, 98 und 102). Andererseits aber beweist das Vorkommen des zweiten Ringes mit den Beischriften auf No. 62, sowie das Vorhandensein zweier Bilder in D (hinter No. 57 und 58), welche in A fehlen, gerade wie bei G die Unmöglichkeit direkter Abhängigkeit von A. Wir können somit diese drei Handschriften A, G und D als Mitglieder eines engeren Familienkreises ansehen, ohne ihre verwandtschaftlichen Beziehungen näher angeben zu können.

Eine zweite Familie bilden die Münchener (früher Ulmer) Pergament-Handschrift U, die grosse Heidelberger a und die Wolfenbütteler Papier-Handschrift W. Betrachten wir zunächst U und W. Da die Wolfenbütteler Handschrift die einzige ist, welche ich an Ort und Stelle studiren musste, so war es mir nicht möglich, die Angabe Rückert's (a. a. O. S. 420), dass W zu U textlich „in keiner näheren Beziehung steht", von competenter Seite einer Prüfung unterziehen zu lassen. Jedenfalls herrscht im Gegensatze zu Rückert's Urtheil hinsichtlich der Illustrationen die auffälligste Uebereinstimmung. Ich erinnere zunächst an die aus dem Korbe herausschlagenden Flammen auf No. 16, an die Büchse (statt des Zaunes) in der Hand des Weisen auf No. 19, an die vertauschte Reihenfolge der beiden hinter No. 57 folgenden Bilder, an die Darstellung Gottes auf No. 89, an die Vertauschung der Reihenfolge bei den Bildern der freien Künste (s. S. 66) u. dergl. m. Alle diese Eigenthümlichkeiten kommen ausser in U nur noch in W vor. Ausserdem sind die Illustrationen von W aber auch im Uebrigen in der allgemeinen Anordnung sowohl, wie in den Einzelheiten, mit denen von U so genau übereinstimmend, dass die Annahme einer direkten Abhängigkeit der jüngeren von der älteren Handschrift fast unumgänglich erscheint. Auch zahlreiche Sonderbarkeiten in dem Texte der Beischriften (vergl. z. B. No. 83 und das Bild hinter No. 58) legen hierfür Zeugniss ab. Ausgeschlossen ist freilich nicht, dass ein gemeinsames Vorbild von beiden Copisten benutzt worden ist, doch erscheint dies im Vergleiche zur Handschrift a, welche mit U und W am nächsten verwandt ist, nicht recht wahrscheinlich. Auch in a finden sich nämlich so zahlreiche charakteristische Züge, welche sonst nur noch in U und W vorkommen, dass ein Ursprung aus derselben Quelle unverkennbar ist (vergl. besonders No. 5, 53, 55, die Illustration hinter No. 58, No. 74, 79, 83, 105, die Schlussbilder etc.). Die Uebereinstimmung geht aber nicht so weit, ist keine so unmittelbare, wie zwischen U und W. So fehlen z. B. in a die oben angeführten, nur den beiden letztgenannten Handschriften eigenthümlichen Einzelheiten, welche sicher vom Copisten von a nicht übergangen worden wären, wenn sich dieselben in dessen Vorlage befunden hätten. Bezüglich des Abhängigkeits-Verhältnisses von U zu W, welche beide dieselbe Jahreszahl 1408 aufweisen (s. oben S. 11), dürfte nicht zweifelhaft sein, dass erstere Handschrift die ältere ist und somit die Vorlage gebildet hat. Den Haupt-Anhaltspunkt giebt nach dieser Richtung der Text der Bilder. So enthält z. B. die Illustration No. 87 in W weder Beischrift noch Schriftzettel-Text, während U dieselben mit den übrigen Mss. übereinstimmend aufweist. Schon hiernach ergiebt sich das umgekehrte Verhältniss zwischen U und W als unmöglich; aber auch sonst lassen mancherlei Flüchtigkeiten und Ungenauigkeiten in W sowohl in den Beischriften wie in den Bildern die Abhängigkeit der Wolfenbütteler von der Münchener (Ulmer) Handschrift erkennen. Schliesslich fällt auch der Umstand zu Gunsten dieser Annahme schwer in's Gewicht, dass der Schreiber von W die Lücke am Schlusse (s. S. 70) ignorirt hat, während in U ein freilich nicht ganz entsprechender Raum für die fortgefallenen Verse leer gelassen ist. Die drei, eine zweite Handschriften-Familie bildenden Mss. U, W und a stehen somit nicht in demselben Verhältnisse zu einander, sondern zwischen U resp. W und a ist die Verwandtschaft weniger eng, als zwischen U und W, bei denen in der That das Verhältniss von Mutter- zu Tochter-Handschrift vorzuliegen scheint.

In ähnlicher Weise lassen sich auch zwischen den übrigen Mss. mehr oder minder auffällige Uebereinstimmungen, welche unmöglich als zufällige bezeichnet werden können, constatiren, ohne dass jedoch ein bestimmtes Verhältniss nachweisbar ist. So zwischen S und H (No. 21), zwischen S und G (No. 37), zwischen S und E (No. 86), zwischen G und E (No. 86), zwischen G und U (No. 47) u. s. f.; zwischen E und H sonderbarer Weise fast gar nicht, trotzdem beide dieselbe Jahreszahl 1248 (s. S. 7) aufweisen.

Zur Erklärung muss die Annahme dienen, dass früh vom Original-Codex eine Reihe von Tochter-Handschriften ausgegangen ist, in welchen hier und da einzelne Abänderungen oder Versehen Eingang gefunden haben, die wir dann in späten Abkömmlingen, die direkt nichts mit einander gemein haben, übereinstimmend wiederfinden. So hat z. B. irgend ein gelehrter älterer Copist auf dem zwölften Bilde, um seine Belesenheit zu zeigen, die Andromache als Gegenstück zur Helena eingeführt. Dieser Zusatz hat sich in einer bestimmten Folge von Copieen fortgepflanzt und ist schliesslich auch in die Handschriften S und H gelangt, die sonst weiter keine engere Verwandtschaft aufzuweisen haben. Dasselbe ist bei den oben angeführten und zahlreichen ähnlichen Beispielen der Fall.

Wie wir gesehen haben, ist ein verloren gegangenes Urbild O als Ausgangspunkt des ganzen Bilderkreises, soweit derselbe uns in den erhaltenen Handschriften vorliegt, zu betrachten. Die Zeit der Entstehung desselben lässt sich mit einiger Sicherheit bestimmen. Auf dem 35. Bilde des Heidelberger Pergament-Codex A befindet sich nämlich die Jahreszahl 1216 *), welche, wie aus Andeutungen in dem Gedichte selbst [aber an anderer Stelle (s. V. 11717 und V. 12278)] hervorgeht, zugleich das Jahr der Vollendung der Dichtung bezeichnet. Der Urheber der Zeichnungen scheint die Gelegenheit benutzt und den leeren Schriftzettel mit der Jahreszahl, in der er die Bilderreihe schuf, versehen zu haben. Die Handschrift O würde sonach entweder als die erste Original-Handschrift des Gedichtes oder wenigstens als eine der allerersten, noch im Jahre der Vollendung des Gedichtes entstandenen Handschriften aufzufassen sein. Dieser Annahme kommt der bereits mehrfach erwähnte Umstand zu Hülfe, dass die Architekturformen in den erhaltenen Copieen fast ausschliesslich dem romanischen Stile angehören und in unsern durchweg der gothischen Periode angehörigen Handschriften nur durch den Einfluss eines vor der Mitte des XIII. Jahrhunderts entstandenen Vorbildes erklärlich sind. Von O aus ist die oben genannte Jahreszahl sodann in A übergegangen; denn dass A etwa in diesem Jahre entstanden sein könnte, ist durch den Charakter von Schrift und Sprache ausgeschlossen (s. oben S. 2). Ebenso wenig sind G, E und H, welche an der betreffenden Stelle die Jahreszahl 1240, beziehungsweise 1248 aufweisen, in diesen Jahren entstanden (wie Rückert unbegreiflicher Weise bezüglich E annahm), sondern verrathen dadurch nur, dass sie direkt oder indirekt auf Tochter-Handschriften von O, welche aus diesen Jahren stammen, zurückgehen. Die Handschrift b, welche dem XV. Jahrhunderte angehört, weist in derselben Weise die Jahreszahl 1300 auf; dagegen mögen die Zahlen 1359 in S und 1408 in U und W thatsächlich das Entstehungsjahr der betreffenden Handschriften resp. deren Bilderreihen bezeichnen. D und a haben eine leere Tafel an dieser Stelle.

---

*) Nicht ganz deutlich hinsichtlich des Zehners, aber doch kaum anders lesbar.

Ueber den Charakter der Originale haben uns die vergleichenden Untersuchungen der Nachbildungen mancherlei Aufschluss gegeben. Danach waren die Bilder in O anspruchslose Randzeichnungen (vergl. besonders No. 66, 67, 68, 71 und 79) in der Art unserer ältesten Heidelberger (A-)Illustrationen, von denen sie auch im Stile nicht wesentlich abgewichen sein werden. Der Erfinder des Bilderkreises gehörte offenbar den gebildeten Laienkreisen an. Ein bestimmter weltlicher Zug durchweht das Ganze, sowohl hinsichtlich der Auswahl der Scenen, bei der in auffälliger Weise religiöse Vorwürfe vermieden sind, als auch in der Wiedergabe einiger das religiöse Gebiet berührender Vorgänge. Anstatt z. B. beim Gerichte Gottes (No. 88 und 89) sich an eine der beliebten Weltgerichts- oder St. Michaels-Darstellungen zu halten, vermeidet der Zeichner mit Bewusstsein die ausgetretene Strasse der mittelalterlichen Tradition und klammert sich eng an den Text an. Darstellungen von Gott, Christus oder Maria wird man, obgleich das Gedicht hierzu wiederholt Gelegenheit bietet, vergeblich in der langen Bilderreihe suchen; denn selbst, wo ausnahmsweise eine mit dem Nimbus versehene göttliche Erscheinung gezeichnet ist, wie auf dem Bilde von Gottes Gnade (No. 89), lässt der Zeichner die Darstellung so unbestimmt, dass eher an eine allegorische Figur, als an Gott Vater oder Christus zu denken ist. Für Ersteren ist die Erscheinung zu jugendlich, und Letzterer pflegte mit Kreuznimbus dargestellt zu werden. Bei der constatirten Uebereinstimmung aller Mss. darf unbedenklich angenommen werden, dass diese Auffassung und Darstellungsweise thatsächlich von O ausgegangen ist. Der Copist von A hat ausnahmsweise einmal einen allbekannten Vorgang aus der Legende des heiligen Martin, auf welchen im Texte andeutungsweise hingewiesen wird (No. 59), in seine Bilderreihe eingefügt, ein Vorgang, der ohne Nachahmung geblieben zu sein scheint; wenigstens findet sich diese Scene in keiner der erhaltenen Handschriften wieder, sondern überall ist statt dessen in bezeichnender Weise der nichtssagende Vorgang unter dem Kirschbaume aus O wiederholt.

Zu Gunsten der Annahme eines Ursprunges des Bilderkreises aus nicht klösterlichen Kreisen spricht auch die Vorliebe für Anbringung von Kampf- und Jagdscenen, in deren Darstellung der Zeichner von A sich besonders auszeichnet.

Dass der Erfinder unserer Bilderreihe ebenso wie der gelehrte Dichter und Domherr von Aquileja jede Gelegenheit benutzt hat, seine Kenntnisse in der Geschichte und Philosophie des Alterthums zu zeigen, haben wir wiederholt (No. 12, 19, 52, 53, 93—99) hervorgehoben, ebenso wie den Umstand, dass unsere Copisten sich nach dieser Richtung in handwerksmässiger und verständnissloser Auffassung des Vorbildes fast durchweg überboten haben. Auch die gewöhnlichsten Attribute, wie der Zaum der Mässigung (No. 19), werden von der grossen Mehrzahl derselben verkannt, und was an Verstümmelung der Beischriften und Schriftzettel geleistet ist, grenzt an's Unglaubliche. Hiervon ist selbst der sonst so tüchtige Zeichner von A nicht ganz freizusprechen, wie gleich der Schrift-zettel auf dem zweiten Bilde beweist (s. oben S. 16).

Für die Geschichte der allegorischen Darstellungen im Mittelalter bietet unser Cyklus weniger Material, als man erwarten dürfte *). Der Urheber der Zeichnungen, so-weit wir nach den in A enthaltenen ältesten und besten Copieen zu urtheilen berechtigt sind, stand offenbar den allegorischen Dingen ziemlich fremd gegenüber; seine Kenntniss der Attribute, welche die Erkennung der dargestellten Persönlichkeiten vermitteln, erstreckte sich nicht über das Alltägliche hinaus (z. B. die Waage der Gerechtigkeit auf Bild No. 10 oder der Zaun der Mässigung auf Bild No. 19), und seine Vorstellungskraft reichte nicht so weit, Eigenartiges nach dieser Richtung hin zu erfinden. Die allegorischen Figuren unterscheiden sich in Folge dessen gewöhnlich in Nichts von den Personen, mit denen sie in Verbindung gebracht werden; dennoch ist das Streben unverkennbar, wenigstens zwi-schen Tugenden und Lastern, welche den Hauptgegenstand der allegorischen Personifi-cationen unseres Gedichtes bilden, gewisse äussere Unterscheidungs-Merkmale anzubringen. So erscheinen die Tugenden gewöhnlich in reicherer Kleidung und möglichst schön von Gesicht, während die Laster dürftig gekleidet und mit abschreckenden Gesichtszügen dar-gestellt sind. Für den mittelalterlichen Künstler sind bekanntlich gut und schön, schlecht und hässlich sich deckende Begriffe. Der Zeichner von A verfährt hierin noch mit einer gewissen Consequenz, den späteren Copisten scheint aber meistens selbst hierfür das Ver-ständniss gefehlt zu haben.

Eine weitergehende Phantasie treffen wir übrigens auch in einem nur wenig äl-teren Werke, wie dem Hortus deliciarum der Herrad von Landsperg, nicht an (vgl. oben S. 67). Die weise Aebtissin von St. Odilien kennt gleichfalls kein anderes Auskunftsmittel, wenn es sich z. B. darum handelt, die um Christus versammelten zehn christlichen Tugenden wieder-zugeben, als dieselben möglichst reich und vornehm aussehend darzustellen; bei dem Rade der freien Künste finden sich zwar die bekannten, dem Gebiete der betreffenden Kunst entnommenen Attribute, wie Zirkel, Messstab, Buch u. s. w., angebracht, im Uebrigen aber sehen die Künste nicht anders aus als die vorerwähnten Tugenden. Der Urheber der gleichfalls dieser Zeit angehörigen Wandmalereien im Nonnenchore des Domes zu Gurek zeigt die zu beiden Seiten der Gottesmutter stehenden Tugenden ebenfalls schön und in reichen Gewändern, ausserdem noch mit Krone und Heiligenschein versehen. Auch hier müssen aber die Beischriften die Erklärung der völlig gleich behandelten und an und für sich unverständlichen Figuren vermitteln. Dass in kirchlichen Kreisen zu jener Zeit die an den Attributen der Heiligen geschulte Ueberlieferung auch in diesen Dingen noch

---

*) Ueber die Entstehung und das Wesen der allegorischen Personificationen im Mittelalter vgl. die meisterhafte Charakteristik im 4. Bande von Schnaase's Geschichte der bildenden Künste (2. Auflage, S. 65 ff.).

lebendiger war, beweist u. A. die Darstellung der vier christlichen Haupt-Tugenden in den Ecken des Bildes, welches auf fol. 1ᵃ des aus dem Ende des XII. Jahrhunderts stammenden Codex LIX (Darmstadt 2053ᵃ) in der Kölner Domkapitel-Bibliothek die Reihe der Miniaturen eröffnet [*]). Hier sind prudentia mit Schlange und Buch, iustitia mit Waage sowie temperantia mit Korb und Krug in weiblicher Tracht dargestellt, während fortitudo als Ritter mit Schild, Schwert und Streitkolben gerüstet erscheint; alle vier Gestalten ausserdem, wie auf dem Gurcker Bilde, mit Heiligenscheinen versehen. Zur Darstellung der kämpfenden Tugenden als Ritter (s. oben S. 17) wären als Analogon die etwas früher entstandenen vier schmalen Wandgemälde der Unterkirche zu Schwarzrheindorf zu nennen, welche die siegenden Tugenden in derselben Weise, in Kettenpanzer und Topfhelm auf die unterliegenden Laster losstechend zeigen. Als originelle Zuthat erscheint hier nur ein langes, bis zu den Füssen reichendes Gewand, welches die Beine wie unverhüllt durchscheinen lässt [**]).

Die mangelhafte Kenntniss unseres Zeichners in diesen Dingen steht somit zu seiner Zeit nicht vereinzelt da, andererseits ist nicht zu leugnen, dass derselbe vielfach willkürlich und inconsequent verfahren ist, so besonders in der Zutheilung des Geschlechtes der Personificationen. Girde z. B. erscheint bald als Weib, bald als Mann, ebenso andere allegorische Figuren, wie erge, stete u. s. w., soweit in den einzelnen Fällen überhaupt zwischen Männer- und Weiberkleidung zu unterscheiden ist. Dass dieser Vorwurf auf die Vorbilder in O zurückzuführen ist, dürfte nach Allem, was wir über die Abhängigkeit der erhaltenen Handschriften von diesem Urbilde constatirt haben, kaum zweifelhaft sein. Die späteren Copisten haben natürlich diesen in A noch verhältnissmässig schwach auftretenden Mangel an Princip in der Zutheilung und an Consequenz in der Beibehaltung des Geschlechtes der allegorischen Personificationen in nicht geringem Maasse gesteigert. Als Beispiel führen wir das Laster-Rad am Schlusse von a an, wo in unmotivirter Weise Lüge und Zorn als Männer, dagegen Neid, Uebermuth, Raub und Wucher als Weiber wiedergegeben sind.

Die Darstellung der der antiken Mythologie und Geschichte entnommenen Figuren bietet, abgesehen von der Auffassung der Frau Minne, keinerlei Eigenthümlichkeiten. Cäsar und seine Mörder (No. 52), Achilles und Hektor (No. 53), erscheinen der Gewohnheit des Zeitalters entsprechend ebenso gut im Zeitcostüm wie Helena und Andromache (No. 12), und kein Versuch ist gemacht, dieselben, etwa wie in der Berliner Handschrift der Eneit des Heinrich von Veldecke, durch mehr oder minder unverstandene antikisirende Kleidung auszuzeichnen.

---

[*]) Jaffé et Wattenbach, Berolini 1874 pg. 19. Ganz ähnliche Darstellungen auf dem Taufbrunnen im Hildesheimer Dom und auf dem Psalterbild in der Bibel Karls des Kahlen in Paris.

[**]) Vgl. E. aus'm Weerth, Wandgemälde (Leipzig 1880) Taf. 32. Ueber die Darstellung der 7 freien Künste zur Karolingischen Zeit s. Leitschuh, Der Bilderkreis der karol. Malerei (Bamberg 1889) S. 59.

Verhältnissmässig oft sind in unseren Handschriften, besonders auch in A, unbekleidete männliche und weibliche Personen zur Darstellung gelangt. Anscheinend liegt hierin ein Widerspruch gegen die mittelalterliche Praxis, welche theils in Folge mönchisch-asketischer Anschauungen, theils in Folge der Unkenntniss der menschlichen Körperformen der bildlichen Wiedergabe nackter Figuren principiell aus dem Wege zu gehen pflegte. In unserer Bilderreihe kann jedoch auch nur ein einziger Fall nachgewiesen werden, in dem die Nacktheit als Reizmittel im Sinne antiker Formenbegeisterung aufzufassen ist, nämlich bei der oben besprochenen Darstellung der Frau Minne (s. S. 25 f.). Alle übrigen Beispiele zeigen die Nacktheit entweder als Kennzeichen der Schamlosigkeit, also in abschreckendem Sinne verwendet (z. B. in dem 4. Bilde, im Anschlusse an den Vers 227: der ruomaer ist aller schame fri, ferner das Laster im 26. und 80., sowie die Bosheit im Schlussbilde), oder die betreffende Situation brachte (z. B. bei der Darstellung des Bettlers in No. 23 und 58 oder bei dem Operationsbilde, No. 76) den unbekleideten Zustand mit sich. Dieser Umstand lässt sich somit zu Gunsten eines Ursprunges des Original-Cyklus aus weltlichen Kreisen nicht mit verwerthen.

Dennoch haben wir meines Erachtens an dieser Annahme festzuhalten. Der Aufschwung, welcher sich in der deutschen Malkunst etwa seit der Mitte des XII. Jahrhunderts verfolgen lässt [*]), stand in engstem Zusammenhange sowohl mit dem Uebergange der Kunstübung in Laienhände, als mit dem Aufkommen der nationalen weltlichen Dichtung und der dadurch herbeigeführten Erschliessung eines Stoffgebietes, für welches die alten religiösen Vorlagen keine Handhaben boten. Die traditionellen Typen versagten, und die freie Erfindung, auf welche der Laien-Künstler angewiesen war, löste zugleich den Bann der klösterlichen Formgebung zu Gunsten einer freieren und selbstständigeren Stilrichtung. Eines der ältesten und besten Erzeugnisse dieser nationalen Kunstübung besitzen wir in der erwähnten Heidelberger Handschrift des Rolandsliedes, welcher sich unsere fast ein Jahrhundert jüngere Handschrift A als würdiges Seitenstück anschliesst. Dass das verloren gegangene Original-Ms. derselben Richtung angehört haben muss wie A, bedarf nach unseren im zweiten Theile angestellten Untersuchungen keines weiteren Beweises.

Hinsichtlich der Urheberschaft der Illustrationen in den zehn erhaltenen Handschriften des wälschen Gastes sind die farbenprächtigen Gouache-Bilder von den flüchtig colorirten Federzeichnungen wohl zu unterscheiden. Erstere, so wenig erfreuliche Leistungen

---

[*]) Karl Lamprecht will in seiner dankenswerthen, eingehenden Besprechung des ersten Theiles meiner „Miniaturen" etc. (Westdeutsche Zeitschrift für Geschichte und Kunst VII, Trier 1888, S. 73 ff.) die Anfänge dieser eigenartigen Entwicklung des sogen. Federzeichnung - Stiles bereits ein Jahrhundert früher angesetzt wissen. So viel Wahrscheinlichkeit diese Annahme auch haben mag, der Beweis dürfte aber bei dem Fehlen entsprechender Beispiele von Kunstleistungen aus dieser Zeit wohl lediglich von allgemeinen Gesichtspunkten aus zu führen sein.

sie auch im Allgemeinen vorstellen, setzen dennoch eine grössere Uebung in der Führung des Pinsels und eine längere Praxis in der Zusammenstellung der Farben voraus, als die mehr oder minder flott entworfenen Skizzen in A, S und den Papier-Handschriften, bei denen die Färbung nur eine mehr oder minder untergeordnete Rolle spielt. Die Bilder der meisten Pergament-Handschriften, so besonders von E und H, sind bei aller Unbeholfenheit und selbst Rohheit der Zeichnung in Bezug auf die coloristische Wirkung und die Technik des Farbenauftrages oft von solchem Reize und ausserdem von solcher Gleichmässigkeit der Durchführung, dass hier berufsmässiger Illustrations-Betrieb vorausgesetzt werden muss, in der Weise, wie sich solcher etwa seit Beginn des XIII. Jahrhunderts nach dem Vorgange der französischen „enlumineurs" in Deutschland herausgebildet hatte.

Die Papier-Handschriften lassen dagegen zum grössten Theile die Thätigkeit künstlerisch ungeschulter, dilettantischer Kräfte erkennen. Zu diesen wären freilich auch bisweilen die Schreiber der betreffenden Mss. zu rechnen, denn die Uebereinstimmung der Schriftzüge in Bild und Text, der gleiche Ton der Tinte, sowie die ganze flüchtige Mache lassen es wenigstens für U, W und b naheliegend erscheinen, dass Text und Bilder von derselben Hand herrühren. Wie die Schrift, so nahm auch die Illustration in Deutschland mit steigender Nachfrage an Flüchtigkeit zu. Der handwerksmässige Betrieb der Bücher-Fabrication und das dadurch herbeigeführte Sinken des Preises richteten die altgeübte Illuminirkunst sowohl in technischer wie in stilistischer Hinsicht allmählich zu Grunde. Der Begriff der Bilderschrift — imperitis pro lectura pictura — trat in den Vordergrund, und das künstlerische Element gelangte in der Illumination nur noch verhältnissmässig selten bei besonders werthvollen, zum Altardienste und zu Geschenken bestimmten Pracht-Handschriften zur Geltung. Es genügte somit in vielen Fällen, die betreffenden Bilderfolgen in flüchtiger Weise durch den hierin mehr oder minder geübten Schreiber mit copiren zu lassen, so dass die oben hervorgehobene Unkenntniss der üblichen Attribute und der traditionellen Anschauungsweise auf religiösem Gebiete in diesem Umstande wenigstens für die oben angeführten Papier-Handschriften des XV. Jahrhunderts ihre genügende Erklärung findet.

Ganz vereinzelt stehen die Randzeichnungen in unserem Heidelberger Pergament-Codex A da. Eine gewaltige Kluft trennt diese flotten, mit einer gewissen Liebe gezeichneten und in lichten, reinen Farben sorgfältig getuschten Illustrationen von den Schmierereien z. B. in b. Wenn irgendwo, so ist hier (wie im Herrad-Codex) die nicht ungeübte Hand eines kunstfrohen Dilettanten zu erkennen, der zu eigener Freude sein Exemplar selbst mit Bilderschmuck versehen und die Randzeichnungen der Vorlage in sorgfältiger Weise copirt hat. Die Illustrationen in S dagegen nähern sich mehr den Papier-Handschriften des XV. Jahrhunderts und dürften in ihrer flüchtigen Herstellungsweise wohl auch auf den Schreiber des Textes zurückzuführen sein.

Der Bilderkreis des wälschen Gastes krankt an der Ungefügigkeit des Stoffes,

11*

Dieser Umstand muss zunächst bei der Beurtheilung der Leistungen des Illustrators gebührend in Rechnung gestellt werden. Weitaus die grösste Anzahl der entweder selbständig oder auf Veranlassung eines Bestellers gewählten Scenen bietet dem Zeichner die denkbar ungünstigsten Vorwürfe, und die ganze Naivität der mittelalterlichen Kunst-Anschauungsweise gehörte dazu, um einen derartigen Illustrations-Cyklus überhaupt in's Leben zu rufen. Von Handlung ist in dem weitschweifigen Lehrgedichte an und für sich keine Rede, höchstens dass hier und da bei den gewählten, der Geschichte oder dem täglichen Leben entnommenen Beispielen und Vergleichen Scenen vorkommen, die sich einigermassen zur Darstellung eignen. Mit sichtlichem Wohlbehagen sehen wir denn auch wiederholentlich den Zeichner sich auf diese Vorwürfe stürzen, unbekümmert, ob damit Nebendingen eine unverhältnissmässige Bedeutung beigelegt und der Schwerpunkt der Illustrationen verrückt wird. Erfährt hierdurch das ewige Einerlei in der Darstellung der abstrakten Lehrsätze und Lebensregeln oft recht dankenswerthe Unterbrechungen, so wird andererseits die Principlosigkeit in der Auswahl der Bilder um so offenbarer. Wir haben bei der Besprechung der einzelnen Bilder mehrfach charakteristische Beispiele nach dieser Richtung hin hervorzuheben Gelegenheit gehabt.

Eine direkte Folge der Sprödigkeit des Stoffes ist die vorhandene Undeutlichkeit der Bilder, deren Mehrzahl, wie wir gesehen haben, ohne erklärende Beischriften und Schriftzettel völlig unverständlich bleiben würde. Lag in der Zufügung der letzteren überhaupt die Möglichkeit, den abstrakten Stoff zu beherrschen, für den Zeichner begründet, so verringerte andererseits diese mit grösster Freiheit angewandte künstlerische Eselsbrücke das Streben desselben, den Inhalt des Bildes an sich möglichst deutlich zu gestalten. Zweifellos hat die Illustrationsthätigkeit der Dilettanten zur Ausbreitung dieses Hülfsmittels wesentlich mit beigetragen. Der oben berührte Zweck derartiger Bilderhandschriften fällt in diesem Falle somit fast ganz weg. Wer nicht lesen konnte, verstand auch die auf Erläuterung durch Schrift angewiesenen Bilder nicht, und wie unverständlich die Vorlagen trotz der Beischriften selbst für die Copisten gewesen sind, haben wir an vielen Beispielen nachgewiesen.

Auch die äusserliche Vertheilung der Bilder ist eine willkürliche und ungleichmässige. Während in A z. B. anfangs durchschnittlich jede Seite mit einer Illustration versehen ist, fällt auf die zweite Hälfte des Buches ungefähr nur ein Fünftel der ganzen Bilderreihe. Es ist, als ob dem Illustrator in der Mitte der Arbeit die Lust ausgegangen wäre, gegen den undankbaren Stoff weiter anzukämpfen, denn im Texte selbst ist diese Verschiedenartigkeit nicht begründet. Der zweite Theil ist in keinem höheren Grade ungeeignet für Illustrationen, als der erste.

Offenbar ist in der Eigenartigkeit und Sprödigkeit des Stoffes auch ein Grund für die strenge Befolgung des Vorbildes, die wir durch die in verschiedenen Gegenden zu verschiedenen Zeiten entstandenen Mss. des wälschen Gastes hindurch verfolgt haben, zu suchen. Der Ideenkreis, in dem sich die Illustrationen dieses Gedichtes bewegen, lag den Copisten zu fern, die Gegenstände der Bilder waren denselben zu fremd, als dass sie sich versucht fühlen konnten, eigenartige Abweichungen zu riskiren. Nur in den Fällen, wo leicht verständliche Ereignisse des täglichen Lebens, Jagd, Kampf und dergl. geschildert wurden, sehen wir denn auch in der Regel tiefer greifende Veränderungen der Vorlage gegenüber vorgenommen, im Uebrigen bannte der fremdartige Stoff die Copie streng an das Vorbild.

Dennoch ist dieser Umstand nicht als Haupt-Veranlassung zu der auffälligen Uebereinstimmung aller vorhandenen Mss. zu betrachten, sondern dies conservative Festhalten an dem einmal aufgestellten Bilderkreise kann als Charakterzug der mittelalterlichen weltlichen Illustrationskunst überhaupt bezeichnet werden.

Auf dem Gebiete der religiösen Bilderkreise lässt sich seit vorkarolingischer Zeit das ganze Mittelalter hindurch eine bis zu einem gewissen Grade typische Wiederholung derselben Vorwürfe verfolgen: in den alten Sacramentarien, Psalterien, Evangeliarien u. s. w. treten uns in der Regel wiederkehrende, in der Tradition feststehende Folgen von Bildern vor Augen, doch ist die Freiheit der Bewegung innerhalb dieser Kreise eine weit grössere, als im vorliegenden Falle. A. Springer hat z. B. bezüglich der Genesis-Darstellungen und der Psalter-Illustrationen des früheren Mittelalters in überzeugender Weise eine bald grössere, bald geringere Verwandtschaft zwischen den Bilderfolgen der verschiedenen Mss. nachgewiesen, von einem Archetypus in der Art, wie wir denselben für den wälschen Gast bestimmt haben, kann jedoch nicht die Rede sein *); in der Auswahl wie in der Ausarbeitung der Scenen herrscht dort eine weitergehende Freiheit, die zu der sklavischen Nachahmung innerhalb unseres Bilderkreises im Gegensatze steht. Ein direktes Copiren lässt sich während der Blüthezeit der klösterlichen Bücher-Illumination nur in vereinzelten Fällen nachweisen (z. B. das Christusbild in dem Heidelberger und dem Darmstädter Sacramentar; vgl. des Verfassers „Miniaturen" u. s. w. I. Theil, S. 32 f.), bei den Laien-Illustrationen des XIII., XIV. und XV. Jahrhunderts scheint dies hingegen für einzelne Stoffgebiete sogar zur Regel geworden zu sein. Der Verfasser ist vorläufig nicht in der Lage, abschliessende Untersuchungen nach dieser Richtung hin vorlegen zu können, doch lässt sich soviel bereits übersehen, dass bei einer ganzen Anzahl von Erzeugnissen der höfischen und bürgerlich gelehrten Dichtung des hohen Mittelalters ein ähnliches Abhängigkeits-Verhältniss der Illustrationen der jüngeren Handschriften von einem Original-Cyklus wie beim Bilderkreise des wälschen Gastes, wenn auch nicht in gleicher Strenge und gleichem Umfange.

*) A. Springer, Die Genesisbilder in der Kunst des frühen Mittelalters, im IX. Bande der Abhandlungen der philol.-hist. Klasse der Kgl. Sächsischen Gesellschaft der Wissenschaften. Leipzig 1884. S. 665 ff. Ders., Die Psalter-Illustrationen im frühen Mittelalter, im VIII. Bande derselben Abhandlungen etc. Leipzig 1880.

vorhanden ist *). Das Ergebniss unserer vorstehenden Untersuchungen dürfte somit nicht ohne Analoga bleiben, und damit für die deutsche mittelalterliche Illustrationskunst auf dem Gebiete der weltlichen Stoffe eine Continuität festgestellt werden, welche meines Wissens bisher nicht genügend beachtet ist und den zünftigen Laien-Betrieb zum Theil von noch engeren Banden umschlungen zeigt, als die klösterliche Bilder-Production unter der Zucht der traditionellen kirchlichen Anschauungsweise. Die Werthschätzung der mittelalterlichen Kunstübung auf dem Gebiete der Büchermalerei wird durch die Anerkennung dieser Thatsache in keiner Weise gemindert, vielmehr nur der richtige Standpunkt gewonnen, von dem aus die Illustrationsthätigkeit jener bilderfrohen Epoche zu betrachten ist.

Zum Schlusse sei noch kurz auf die litterar-geschichtliche Bedeutung derartiger vergleichender Bilder-Studien hingewiesen. In Bezug auf die Textkritik bedarf es nur einer Erinnerung an das 81. Bild, wo die vergleichsweise angeführte Eule auch in den Mss. abgebildet erscheint, welche aus Unverstand des Vergleiches das Wort „iule" in „unwille" oder „spot" (s. oben S. 57 f.) verwandelt haben, und daher zur Darstellung einer Eule gar keine Veranlassung hatten. Die Lesart „iule" kann somit, trotzdem die älteste und beste Handschrift (A) die Lesart „unwille" aufweist, unbedingt als die ursprüngliche bezeichnet werden, ein Resultat, zu welchem Rückert auf anderem Wege, nämlich durch rein sprachliche Untersuchungen, gleichfalls gekommen ist. Aber auch für die Bestimmung der zeitlichen und örtlichen Herkunft ist die aus der vergleichenden Bilderkritik gewonnene Feststellung der Abhängigkeit der Handschriften von einander von grosser Wichtigkeit. Die Constatirung des Verwandtschaftsgrades der Bilderfolgen zweier Handschriften kann schliesslich auch die textliche Verwandtschaft aufklären, so dass die vorstehenden Untersuchungen der philologischen Kritik wohl auch bei Aufstellung eines Stammbaums aller Handschriften des wälschen Gastes bestimmte Anhaltspunkte darzubieten geeignet sein werden.

---

*) Die Uebereinstimmung der Bilderfolge in Werken wie der „biblia pauperum", dem „speculum humanae salvationis" oder der „concordantia caritatis" hat hiermit nichts zu thun. Die Auswahl und Reihenfolge der Bilder ist hier nach einem bestimmten Plane gestaltet und in sich selbst begründet. Es handelt sich hier nicht um einen Bilderkreis aus der biblischen Geschichte, sondern um eine nach bestimmten Gesichtspunkten geordnete Reihe von Bildern, deren Bedeutung in der richtigen Zusammenstellung beruht.

VERZEICHNISS DER TAFELN.

Die Reproductionen aus A, S, G, H, E und D sind in der Grösse der Originale hergestellt, die aus den übrigen Handschriften in entsprechender Verkleinerung.

Pierer'sche Hofbuchdruckerei. Stephan Geibel & Co. in Altenburg.

Tafel I.

1) Cäsars Ermordung. 2) Achilles schleift den Leichnam Hektors um die Mauern von Troja.

(No. 52 und 53)

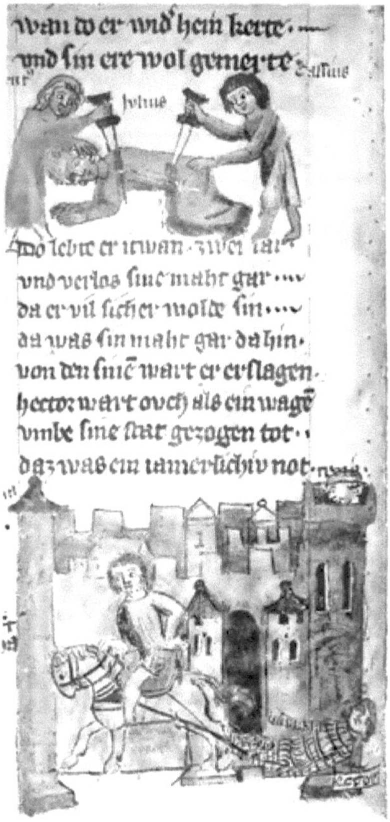

Stuttgarter Pgt.-Hs. (S) fol. 16b

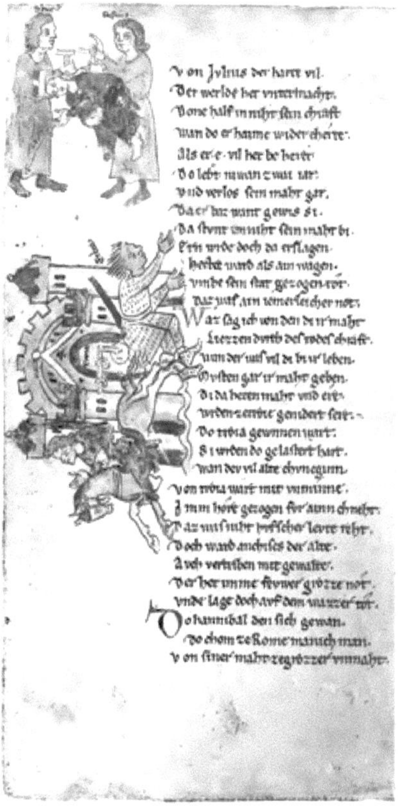

Heidelberger Pgt.-Hs. (A) fol. 53b

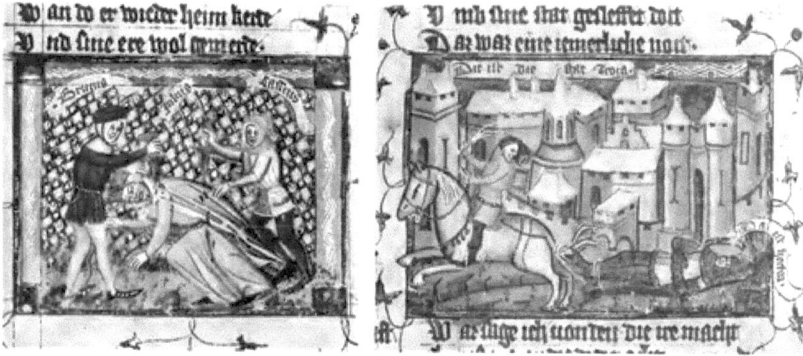

Erbacher Pgt.-Hs. (E) fol. 20b

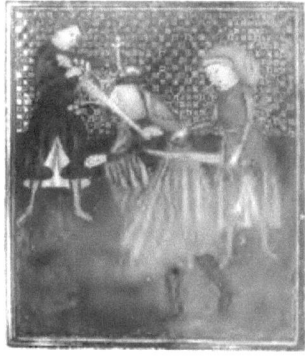

Heidelberger Pap.-Hs. (a) fol. 32ᵃ

Hamilton-Pgt.-Hs. (H) fol. 36ᵃ

Gothaer Pgt.-Hs. (G) pag. 59

Tafel III.

1) Cäsars Ermordung. 2) Achilles schleift den Leichnam Hektors um die Mauern von Troja.

(No. 52 und 53.)

Heidelberger Pap.-Hs. (h) fol. 30ᵃ

Heidelberger Pap.-Hs. (h) fol. 29ᵇ

Münchener Pap.-Hs. (U) fol. 32ᵃ   Dresdener Pap.-Hs. (D) fol. 25ᵇ

Hamilton-Pgt.-Hs. (H) fol. 48ᵇ

Heidelberger Pgt.-Hs. (A) fol. 71ᵇ

Erbacher Pgt.-Hs. (E) fol. 46ᵃ

Heidelberger Pgt.-Hs. (A) fol. 119ᵃ und 120ᵃ

Dresdener Pap.-Hs. (D) fol. 57ᵃ

Hamilton-Pgt.-Hs. (H) fol. 73ᵃ

Heidelberger Pgt.-Hs. (A) fol. 139a

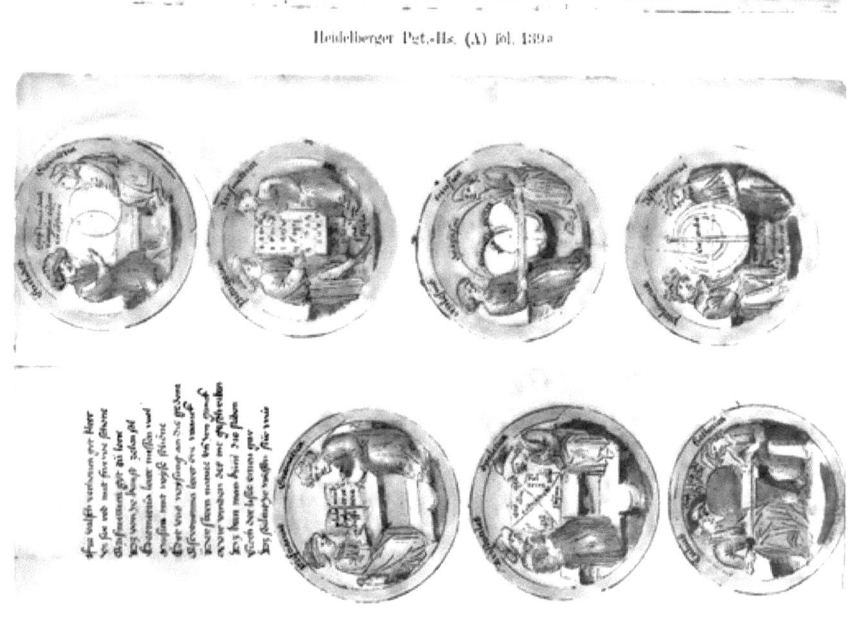

Gothaer Pgt.-Hs. (G) fol. 130

Hamilton-Pgt.-Hs. (H) fol. 82b

fol. 94 b (No. 79)